Joseph Kehrkin

Sammlung alt- und mitteldeutscher Wörter aus lateinischen Urkunden

Zugleich eine Ergänzung der lexikalischen Werke

Joseph Kehrkin

Sammlung alt- und mitteldeutscher Wörter aus lateinischen Urkunden
Zugleich eine Ergänzung der lexikalischen Werke

ISBN/EAN: 9783743482326

Hergestellt in Europa, USA, Kanada, Australien, Japan

Cover: Foto ©Andreas Hilbeck / pixelio.de

Manufactured and distributed by brebook publishing software
(www.brebook.com)

Joseph Kehrkin

Sammlung alt- und mitteldeutscher Wörter aus lateinischen Urkunden

SAMMLUNG

ALT- UND MITTELDEUTSCHER WÖRTER

AUS LATEINISCHEN URKUNDEN.

SAMMLUNG

ALT- UND MITTELDEUTSCHER

WÖRTER

AUS LATEINISCHEN URKUNDEN.

ZUGLEICH EINE ERGÄNZUNG DER LEXIKALISCHEN WERKE VON GRAFF, MÜLLER-ZARNCKE, FÖRSTEMANN.

VON

JOSEPH KEHREIN,

DIRECTOR DES HERZOGL. NASSAUISCHEN SCHULLEHRERSEMINARS ZU MONTABAUR, DES VEREINS ZUR ERFORSCHUNG DER RHEINISCHEN ALTERTHÜMER ZU MAINZ KORRESPONDIRENDEM, DER GESELLSCHAFT FÜR DEUTSCHE SPRACHE ZU BERLIN AUSWÄRTIGEM, DER KÖNIGLICHEN GESELLSCHAFT ZU KÖNIGSBERG IN PREUSSEN ORDENTLICHEM UND DES HISTORISCHEN VEREINS FÜR DEN NIEDERRHEIN, INSBESONDERE DIE ALTE ERZDIÖZESE KÖLN EHREN-MITGLIEDE.

NORDHAUSEN, 1863.
FERD. FÖRSTEMANN'S VERLAG.

VORWORT.

Als ich zum Behufe meines „Nassauischen Namenbuches" die unten bei den Quellen mit A. B. C. D. E. F. G. H. J. K. L. T. bezeichneten lateinischen Urkundensammlungen durchgieng, fand ich viele deutsche Wörter, die in unsern alt- und mitteldeutschen Wörterbüchern und Glossarien zum Theil ganz fehlen, zum Theil in abweichender Form oder aus andern Jahren oder auch ohne alle Quellenangabe angeführt sind. Ich las nun auch die andern unten genannten Urkundensammlungen durch und fand eine bald mehr bald minder reiche Ausbeute. Das Ergebnisz der mitunter nichts weniger als anziehenden Arbeit (da ich nicht selten mehrere Bogen durchlesen muszte, ohne auch nur *ein* Wort zu finden) lege ich hiermit dem nachsichtigen Leser vor.

In der ersten Abtheilung finden sich viele Namen für Rechtsverhältnisse, für Geld, Masz, Gewicht, Ware etc. Auf eine ausführliche Erörterung der angeführten Wörter konnte und sollte nicht eingegangen werden, eine kurze Erklärung und der Hinweis auf andere Bücher dürfte in den meisten Fällen als genügend befunden werden.

Die zweite Abtheilung enthält eine grosze Zahl von Flur- und Gränznamen, von denen manche bis ins Jahr 646 zurückreichen. Die meisten kommen in Urkunden nach dem Jahr 1100 vor, konnten also in dem trefflichen Buche *Förstemanns* keine Aufnahme finden. Da die Grundwörter der hier angeführten Namen meist bei *Förstemann* vorkommen, so begnügte ich mich meist mit einer Hinweisung auf ihn. Eine Angabe der Orte (Gemarkungen) lag nicht in meinem Plane. Wie wichtig die Flur- und Gränznamen, aus denen gar viele eigentliche Ortsnamen entstanden, für den Sprach- und Alterthumsforscher sind, bedarf hier keiner Ausführung.

An die Flur- und Gränznamen schliesst sich eine kleine Auswahl von Häuser- und Strassennamen etc. und, gleichsam als Anhang, eine kleine Zahl solcher Personennamen, die mit Ortsnamen verbunden sind und so einen Einblick in die Bildung mancher neuen Personennamen gewähren.

Hinter den betreffenden Wörtern steht zuerst das Jahr der Urkunde, dann folgt die Angabe der Urkunde selbst. Zum näheren Verständnisz sind die in den Urkunden stehenden lateinischen Wörter und die deutschen Präpositionen mit abgedruckt worden, nur das *vulgo, vulgariter, volgariter* des lateinischen Textes ist im Abdruck durch *v.* gegeben.

Montabaur, den 18. Juli 1863.

Jos. Kehrein.

QUELLEN.

A. = *Hessische Urkunden, herausg. von Dr. Ludw. Baur. Darmstadt. 1860. 1862. 2 Bände. 8. (Angef. nach Band und Nummer.)*

B. = *Urkundenbuch des Klosters Arnsburg in der Wetterau, herausg. von Dr. Ludw. Baur. Darmstadt. 1851. 8. (Angef. nach Nr.)*

C. = *Codex principis olim laureshamensis abbatiae diplomaticus ex aevo maxime carolingico diu multumque desideratus. Edidit recensuit et praefata est academia elect. scient. et elegant. lit. Theodoro-palatina. Mannhemii. 1768—70. 3 Bände 4. (Angef. nach Nr.)*

D. = *Codex diplomaticus fuldensis, herausg. von E. F. J. Dronke. Cassel 1850 4. (Angef. nach Nr.)*

E. = *Urkundenbuch der Abtei Eberbach im Rheingau, herausg. von Dr. K. Rossel. Erster Band. Wiesbaden. 1862. 8. (Angef. nach Nr.)*

F. = *Codex diplomaticus moenofrancofurtanus, herausg. v. J. F. Böhmer. Erster Theil. Frankfurt. 1836. 4. (Angef. nach Nr.)*

G. = *Codex diplomaticus rhenomosellanus, herausg. von W. Günther. Coblenz. 1822—25. 4 Theile in 6 Bänden. 8. (Angef. nach Band und Seite.)*

H. = *Codex diplomaticus exhibens ab anno DCCCLXXXI ad MCCCC Moguntiaca etc. 1. Band, Göttingen 1743. 2—5. Band. Frankfurt und Leipzig 1747. 1751. 1758. 1768. 4. (Angef. nach Band und Seite.)*

I. = *Urkundenbuch zur Geschichte der jetzt die Preuss. Regierungsbezirke Coblenz und Trier bildenden mittelrheinischen Territorien, herausg. von H. Beyer. Erster Band. Coblenz 1860. 8. (Angef. nach Band und Seite.)*

K. = *Originum nassoicarum pars altera diplomatica, herausg. von J. M. Kremer. Wiesbaden 1779. 4. (Angef. nach Seite.)*

L. = *Urkundenbuch für die Geschichte des Niederrheins, herausg. von Th. J. Lacomblet. Düsseldorf 1840—53. 3 Bände. 4. (Angef. nach Band und Nr.)*

M. = *Meklenburgische Urkunden, gesammelt und bearbeitet von G. C. F. Lisch. 1. Band. Schwerin 1837. Urk. des Klosters Dargun. 2. Band 1841. Urk. des Klosters Neukloster. 3. Band 1841. Urk. des Bisthums Schwerin. (Angef. nach Band und Nr.)*

N. = *Urkundenbuch des historischen Vereins für Niedersachsen. Hannover 1846—60. 5 Hefte. (Angef. nach Heft und Nr.)*

O. = *Regesta historiae westfaliae accedit codex diplomaticus, herausg. von Dr. H. A. Erhard. Münster 1847—59. 2 Bände. 4. (Angef. nach Nr.)*

P. = *Regesta historia westfaliae etc. Dritter Band, herausg. von Dr. R. Wilmans. Enthält die Urkunden des Bisthums Münster. (Angef. nach Nr.)*

Q. = *Hennebergisches Urkundenbuch, herausg. von G. Brückner. 1—4 Theil Meiningen 1861. (Angef. nach Theil und Nr.)*

R. = *Riedels codex diplomaticus brandenburgensis. Urkundensammlung. Berlin 1856.—61. Band 10—21. (Angef. nach Band und Seite.)*

QUELLEN

S. = *Urkundenbuch zur Geschichte der Bischöfe zu Speyer, herausg. von F. X. Remling. Mainz 1852—53. 2 Bände 8. (Angef. nach Band und Nr.)*

T. = *Hessische Landesgeschichte mit einem Urkundenbuch, herausg. von Dr. H. B. Wenck. 1. Band Darmstadt und Giessen. 1783. 2. und 3. Band Frankfurt und Leipzig. 1798. 1803. 4. (Angef. nach Band und Nr. der Urk.)*

U. = *Monumenta Zollerana. Urkundenbuch zur Geschichte des Hauses Hohenzollern, herausg. von R. von Stillfried und T. Märker. Berlin 1852—56. 2 Bände. 4. (Angef. nach Band und Nr.)*

Abkürzungen in den Erklärungen und Bemerkungen.

Df. = *Glossarium latino-germanicum mediae et infimae aetatis e codicibus manuscriptis et libris impressis concinnavit L. Diefenbach. Francofurti ad Moenum 1857. 4.*

F. = *Altdeutsches Namenbuch, herausg. von E. Förstemann. Nordhausen 1856—59. 2 Bände. 4.*

Graff. = *Althochdeutscher Sprachschatz oder Wörterbuch der althochdeutschen Sprache, herausg. von E. G. Graff. Berlin 1834—42. 6 Bände. 4. und 1 Registerband von F. G. Massmann. 1846. 4.*

Gw. = *Weisthümer, herausg. von J. Grimm. Göttingen 1840—42. 3 Bände. 8.*

H. = *Glossarium germ. medii aevi etc., herausg. von Haltaus. Lipsiae 1758. fol. 2 Bände, aber mit fortlaufender Seitenzahl.*

MZ. = *Mittelhochdeutsches Wörterbuch, ausgearb. von W. Müller und F. Zarncke. Leipzig 1854 f. 3 Bände (2. Band noch unvollendet).*

RA. = *Deutsche Rechtsalterthümer, herausg. von J. Grimm. Göttingen 1828. 8.*

Sm. = *Bayerisches Wörterbuch, von J. A. Schmeller. Stuttgart und Tübingen 1827—37. 4 Bände. 8.*

Wallraf. = *Altdeutsches historisch-diplomat. Wörterbuch etc. Köln o. J. (1826) 8.*

Z. = *Alterthümer des deutschen Reichs und Rechts, herausg. von Zöpfl. Heidelberg 1860—61. 3 Bände. 8.*

Zm. = *Mittelhochdeutsches Wörterbuch, von Ad. Ziemann. Quedlinburg und Leipzig 1828. 8.*

ERSTE ABTHEILUNG.
RECHT, GELD, MASZ, GEWICHT, WARE ETC.

A.

achgerphig. jus, quod achgerphig v. dicitur. 1296 A. 2, 534. *Verschrieben oder verlesen für* achgerplug. *Graff* 3, 360 ackerplugho = curvadae. *s.* alepluge.

achtdeil *s.* **teil.**

achtwarre, achtwart, achwort, achtewort, echtwart, ehtward (*H.* 251. 252. 253. *RA.* 494). „nemus, pascuum, jus pascui, ein hauptsächlich in niederdeutschen und westfälischen urkunden oft erscheinender ausdruck, aber auch weiter z. b. in dem oberhessischen weisthum von Wetter, des j. 1239 (forestum quod dicitur achtewort, 3, 343) reichend und schwer zu deuten. ausser achtwort (weisth. 3, 83) begegnet auch achtwart, achwart (3, 97) und echtward, eckward, echtwort, wozu HALTAUS 252. 253 viel belege sammelt, wort ist das alln. urð saxelum, ags. vurd, veorðig, niederd. word, welches ursprünglich einen unangebauten wald und weidegrund, dann aber auch dessen hegung und einzäunung bedeutete und so für die hofstätte selbst, von der das weiderecht ausgieng, gebraucht wurde. vgl. HOMEYER Sap. 2, 631. SCHMELLER 4, 145. LEO rectit. 51. in acht scheint nicht sowol echt, legitimus, als acht, ahd. ahta, praedium enthalten." Grimm, d. Wörterb. 1, 172. — in silva jus, quod ehtward in teuthonico nuncupatur. 1259. N. 4, 24. de usuario, sive quod v. dicitur echtwart. 1230 P. 279. in nemore communio, quae v. achtwart dicitur. 1235 N. 2, 197. de achtwort dicimus et pronunciamus, quod nemo debeat pascere sive immittere pecora in forestum, quod dicitur achtewort, sine prescitu advocati et sculteti. 1239 T. 2, 139. jus achtwarre. 1322 T. 2, 286.

affalder. (ahd. aphaltra *Graff* 1, 174, mhd. apfalter *MZ.* 3, 31.) *Apfelbaum.* arbores, quae v. affaldere vocantur. 1254 N. 2, 303.

afterdink, *s.* **dinc.**

afzone, forma cessionis, quam v. afzone intelligatis. 1245 P. 437. *sonst steht* abeziht = *Verzichtleistung, vgl. nnl.* afzien = *verzichten.*

ahtln. accusabunt post tertiam collocutionem, quod v. ahtln appellatur. 1275 L. 2, 683. *H.* 12: spatium deliberandi, dilatatio forensis, *also gerichtlicher Aufschub, um sich zu berathen.* ahd. ahta *Graff* 1, 108, mhd. ahte *MZ.* 1, 15.

almeinde, almeinede, almende, almeine. (*MZ.* 2, 103. *H.* 18. *RA.* 497.) *Gemeindeweide, Gemeindetrift, compascuus ager, communia pascua.* „das wort weist auf den alamannischen volksnamen selbst zurück. es war der verein, die gemeinschaft freier männer, die sich in wald und weide zulängst erhielt." Grimm, d. Wörterbuch 1, 237. — fundus v. lingua almeinde. 1170 S. 1, 101. communio almeinde. 1239 T. 2, 139. quod ipsum pratum ad eorum communes usus scilicet almeineden pertineret. 1235 E. 181. villani dicebant, sibi communionem, quae v. almenda vocatur, in eodem rubo de iure competere. 1234 E. 173. ein almende. 1314

S. 1, 1314. in den rechten almenden. 1316
A. 2, 791. dictam terram perpetuo incultam manere et communibus quod v. almeine dicunt vacare usibus concessimus.
1186 E. 42. almeine. 1186 A. 1, 5. pascua communia almeine. 1231 H. 3, 1102.
âlrép, alrepe 1256. 1292 M. 1, 47. 89. *Ein Fischergeräthe, Aalreif.*
aluna (*ahd.* alûne *Graff* 1, 239. *mhd.* alûn MZ. 1, 27) 1338 L. 3, 326. *Alaun.*
ama, hama (*ahd.* ama, ôma *Graff* 1, 251. *mhd.* âme, ôme MZ. 1, 28). *Flüssigkeitsmasz, Ohm.* — ama vini (o J.) J. 1, 386. hama vini (o. J.) C. 3821. 1100 S. 1, 70.
vroname. quinque modii faciunt amam, quam appellamus vroname. 1222 J. 1, 157.
ambet, ampt, ammit, amt, ammeth (*ahd.* ambaht *Graff* 3, 25. *mhd.* ombahte, ambehte, ambet, ammet, amt MZ 1, 27.)
burammeth, *Schulzenamt.* ofûcium, quod v. dicitur burammeth. 1314 R. 16, 411.
schrôtambet. officium, quod v. nuncupatur schroylammit, scrodambet. 1310 F. 391. 394. *Das Recht, Bier oder Wein in ganzen Fässern zu verkaufen und denen, welche es im Kleinen ausschenkten oder selbst tranken, zuzuführen.*
schutzampt. 1336 G. 3, 340.
stadelambt. 1390 B. 1, 965.
vèramt. 1285 G. 2, 457. *Fahramt.*
amptman *s.* **man.**
amfennine *s.* **pfennine.**
anderburg. custodia turris et castri, quod in v. anderburg dicitur. 1243 L. 2, 279.
anegeruen *s.* **erbe.**
anehowe. 1330 G. 3, 287. *Anhau, Holzberechtigung.*
anevel (*mhd.* aneval MZ. 3, 222. H. 25). *Anfall eines Gutes durch Erbschaft, Heimfall eines Lehens während der Minderjährigkeit des Vasallen, Abgabe des Erben für eine Verleihung des Hofes.* — jura heredis, quae anevel hergewede (*s.* d) v. appellantur. 1276 A. 2, 300. jus herede, anevel hergewede. 1276. 1311 H. 2, 198. 1002.
angel (*mhd.* angel MZ. 1, 45. *ahd.* angul *Graff* 1, 345). *Fischangel.*
hantangel, viotangele. 1292 M. 1, 59

anleyde 1220 G. 2, 142. (*mhd.* aneleite, anleit MZ. 1, 976. *ahd.* analcita *Graff* 2, 187. H. 34. R.4. 546. Sm. 2, 513.) „*vor alters galt* analeita, anleite *technisch für den grenzbegang, wenn schöffen, geschworne und zeugen feierlich an die grenze und die grenzzeichen leiteten.*" Grimm, d. Wörterb. 1, 400
ansprake *s.* **sprache.**
antweregenoz *s.* **genoz.**
appetbete *s.* **bete.**
aspen. facula aspen. faculae sunt ligna arida, quae v. appellantur aspen. 893. 1222 J. 1, 150. 155. *ahd.* aspa, *mhd.* aspe *ist sonst die Zitterpappel.*
anslaie seu ungelti (*s.* d.). 1287 L. 2, 824. assisya vel vngelt. 1276 G. 2, 417. cysio vel vngelt. 1293 G. 2, 529. *Accise.*
atepluge. coruadam (curuadam) facere est ita nobis sicut sibi ipsis arare, quae coruadae v. appellantur atepluge. 893. 1222 J. 1, 145. *s.* achgerphig *und* aylen.
athtas, atten, ayten. „acht, ager, praedium, früher ahta, ein seltnes wort, das nur die trierischen weisthümer 2, 257. 258. 262. 288. 310. 312. 323. 326 372. 635. 640. 3, 785. 790 und die jura archiepiscopi trerirensis aus dem anfang des 13. jh. in LACOMBLETS archiv *s.* 314 — 361 *gewähren in den späteren weisthümern aber ein freie acht, meins herren acht, die hofacht, immer auf freie, herschaftliche, bischöfliche grundstücke bezogen. s.* achtwort." Grimm, d. Wörterb. 1, 165. *Was sonst* croada (*s.* d.), *Ackerfeld von bestimmter Grösze, das die Bauern ihrem Herrn bauen muszten.* — sex perticas claudere circa messem et tres perticas circo broil (*s.* d.) est, quemlibet mansum novem virgas i. e. novem mensuras circa athtas nostras ac prata septem facere. 893 J. 1, 145. agri curiae, quos v. appellamus selgnut (*s.* d.) sive atten vel cunden (*s.* d.). 1222 J. 1, 144. ayten. 1284 G. 1, 79.
atzung. 1329 G. 3, 280 (*mhd.* atzunge MZ. 1, 760. R.4. 360. Z. 1, 142. 151. 2, 106. 165.) „*wird oft in den weisthümern als ein bestimmtes recht genannt, das dem herrn auf futter und mahl bei den unterthanen zusteht.*" Grimm, d. Wörterb. 1, 597.

B.

bahchus *s.* **hus.**
bacho, bachones. 1100 S. 1. 70. *Schinken.*
baldekin, bellikin. (*mhd.* baldekin *MZ.* 1, 79.) *Seide von Baldac d. i Bagdad; ein Seidenstoff der geringern, leichtern Art zu Kleidern und Decken gebraucht.* pannus sericus baldekin, bellikin. 1319. 1367 II. 3, 177. 477.
balmunt *s.* **munt.**
ban, bant, pant, panth. (*II.* 94. *RA.* 732. *Sm.* 2. 176. *MZ.* 1, 86.) *Ausübung der richterlichen Gewalt, Gerichtsbezirk, Bezirk der Gerichtsbarkeit.* cum banno nostro et fredo (*s. d.*). 1024 S. 1, 26 *u. ö.* jus, quod banne v. appellatur. 1278 L. 2, 717.
burban, burchban, burgiban, burdiban. (*ahd.* burghan *Graff* 3, 125. *mhd.* burcban *MZ.* 1, 86. *II.* 193. Z. 3, 353.) *Gebiet, innerhalb welches die städtische Gerichtsbarkeit gilt.* termini civitatis, qui dicuntur burban. 1264 L. 2, 550. infra burbannum. 1272 L. 2, 628. burchban. 1239 L. 2, 243 burgibandum. 1285 L. 2, 810. burdibannum. 1284 L. 2. 795.
grevenban, *Gerichtsbarkeit eines Grafen.* sub grevenbunno. 1267 N. 5, 36
heriban. (*ahd.* heriban *Graff* 3. 125. *mhd.* herban *MZ.* 1, 86 *II.* 879. *RA.* 295. 299. Z. 1, 18. 32.) *Der Befehl, dem Kriegsheere zu folgen; eine stehende Abgabe, die zur Bestreitung gemeinsamer Kriegsbedürfnisse entrichtet wurde.* heribannus. 775 J. 1, 34. *s. noch* freda
wiltban, wildban, viltban, wiltbant, wiltpand, wiltpant, wiltpanth. (*ahd.* wiltpan *Graff* 3. 125 *mhd.* wiltban *MZ.* 1, 86. *II.* 2113. *Sm.* 1, 176. Z. 1. 329.) *Ausschliessliche Jagdbefugniss; Bezirk, in welchem Unberufene nicht jagen dürfen.* jus, quod v. dicitur wiltban. 1028 L. 1, 164. jus wiltban 1132 N. 2, 2. jus forestale wiltban. 1183 L. 1, 488. jurisdictio wiltban. 1217 L. 2, 69. bannum wildban. 1069 L. 1, 212. potestates seculares, quae v. appellantur pellince, grascaf, viltban, cuppelle, natselide, geritte (*s. d.*). 1222 J. 1, 154. wiltbant. 1247 G. 2, 219. venatio wiltpand. 1302 II. 3, 9. venatio wiltpant. 1299 H. 1, 876. jus wiltpanth. 1282. T. 3, 172.
banmile, banphenning, banwin *s. d.* 2. *W.*
banc. (*ahd.* banch *Graff* 3. 131. *mhd.* banc *MZ.* 1, 83. *II.* 91.) *So hiess vorzugsweise der Sitz des Richters und der Schöffen, dann auch die Gerichtsversammlung, das Gericht selbst.* inter ipsas bancas et schuppostuel (*s. d.*). 1269 L. 2, 591.
bancklachin *s.* **lachen.**
banderia 1313 G. 3, 153. *Banner, mhd.* banier *MZ.* 1, 85. *mittellat.* banerium *Df.* 67. *ital.* bandiera.
banrothec. nobis tanquam banrothec duodecim marcas solvant. 1271 L. 2, 614.
barloys, *eigentlich* barnlos, kinderlos, *von ahd.* parn *Graff* 3, 154. *mhd.* barn *MZ.* 1, 142. absque herede, quod nos appellamus barloys. 1222 J. 1, 176.
becharium unum. 1121 *II.* 1, 50. *Becher, ahd.* pechäre *Graff* 3, 46, *mhd.* becher *MZ.* 1, 96.
beckerschoz *s.* **schoz.**
bedellus, budel, budellus. (*ahd.* butil, putil *Graff* 3, 82. *mhd.* butel *MZ.* 1, 184. *II.* 205. 535. *RA.* 766. *Sm.* 1. 226. Z. 1, 58. 60. 2, 413.) *Gerichtsbote.* bedellus 1265 L. 2, 553. budel. 1222 J. 1, 148. budellus. 1274 N. 2, 427.
beier. (*ahd.* bér, pér *Graff* 3, 202. *mhd.* bér *MZ.* 1, 104. *Pf.* 613 ber, beer, bere, per, pere.) *Zuchteber.* unum verrem i. e. beier pascere. 1201 L. 2, 31.
bellikin *s.* **baldekin.**
bennichwayn d. i. bennic wagen. currum feodalem, bennichwayn. 1328 L. 3, 240.
berfredos. 1278 L. 2, 716. in berchfredis. 1315 L. 3, 147. *mhd* borvrit, bercvrit, *niederd.* borch-, barch-, berch-vrede, *schwed.* barfried *MZ* 1, 107. *Thurm.*
berna 1338 L. 3, 326, *eine Kaufmannsware, das lat.* perna === *Schinken?*
besessen leyngut *s.* **gut.**
besitzinge. locatio, quae besitzinge dicitur, 1278 R. 18. 63.
bestehoubit, bestheubet, besteheubt, besteheupt. (*RA.* 364. Z. 1,

227. *MZ.* 1, 719.) *Dieses hatte der Herr unter dem Vieh des verstorbenen Eigenmannes auszuwählen und wegzunehmen, s. noch* spalten.
besteboubit. 1259 F. 246. **bestheubet.** 1299 F. 244. **besteheubt.** 1225. 1327 H. 2, 46. 3, 258 **bestheupt.** 1291 H 2, 269. *s. noch* duriste hobit.

bestewathmal. 1195 K. 121. *Grobes Wollentuch, als Abgabe meist neben* bestehoubit *aufgeführt; mhd.* bestewätmâl *MZ.* 4, 23. H. 2043. R.A. 364.

bete, bede, beda, bedde, beytde. (*ahd.* béta, péta *Graff* 3, 57, *mhd.* béte *MZ.* 1, 171. H. 155. RA. 297. Z. 1, 19. 20) *Nach der ältesten Sitte wurde freiwillig dargeboten, allmählich billweise verlangt* (béta, bête), *endlich herrisch befohlen. Die* béta *und* stiure *beziehen sich streng genommen bloss auf die Abgaben der Freien.* exactio, quae bedde dicitur. 1263 A. 2, 197. excepta precaria, quae v. dicitur bede. 1265 L. 2, 556. peciones, quae beda v. appellantur. 1291 A. 2, 336. exactio bete. 1243 A. 2, 377. exactio beda. 1307 A. 2, 642. exactiones, quae v. dicuntur beytda 1318 S. 1, 522.

appetbete. 1300 D. 849, *wurde an den Abt entrichtet.*
herbestbede. 1249 T. 3, 132, *wurde im Herbst entrichtet.* H. 691 Urk. v. 1312, *jedoch ohne Erklärung.*
iarbede. 1274 H. 2, 193. H. 1003: tributum annuum consuetum.
notbede, nodbede. (*mhd.* nôtbête *MZ.* 1, 171. H. 1423.) *Zwangsabgabe.* notbede. 1274 H. 2, 193. solvere, quod nodbede dicitur. 1297 F. 306.
betkorn, bedekorn, bedecorn *s.* **korn.**
bettednch. 1341 H. 2, 349.
beunczehenden *s.* **zehende.**
bierschoz, birpenning *s.* **schoz, pfenninc.**
bifang, biuamg, biuanch, bivanc. (*ahd.* pifanc, piuank, pifanch *Graff* 3, 413. *mhd.* bivanc *MZ.* 3, 210 RA. 539. Sm. 1, 540. Z. 1, 186.) *Ein durch Furchen eingefangenes oder auch mit einer Einfriedigung umgebenes Stück Land, dessen Grösze verschieden sein kann.* bivangus, bifangus *oft in C. und D.* bifang. 621. 824 K 4. 5.

biuang. 837 L. 1, 52. bifanguın. 856 J. 1, 97. bivanc, infra biuangam. 1201 1285 L. 2, 1. 802. binanch. 1341 L. 3, 365. novae captiones, nuwenbinanc (*l.* nuwenbiuanc). 1260 H. 1. 674.

blichendait *d. i.* blichen tät, *eine offene That,* facinus manifestum H. 172. vulnere aperto sive caussione, quae blichenduit dicitur. 1258 L. 2, 452. *s.* schymbertat.

blutrunst. 1285 L. 2, 802. (*ahd.* plutruns*Graff* 2, 521. *mhd.* bluotrunst. *MZ.* 2, 721. H. 175. RA 629. Z. 1, 203. 2, 333.) *Eine Verwundung, so dasz Blut zur Erde tröpfelte, wenn eine bestimmte Busze Statt haben sollte.*

boda *s.* **bude.**
boden. testes, qui v. boden dicuntur. 1243 E. 211. *Boten, Zeugen.*
bodenien *s.* **lehen.**
bodewln, bodenwin, boddewin *s.* **win.**
bomester, boimmeisters meister.
borchwere, borchwere *s.* **were, wer.**
borgen. (*ahd.* porgén, porakén *Graff* 3. 176 *im Sinne von schonen. mhd* borgen *MZ.* 1, 162 *schon in unserem Sinne.* H. 178. R.A. 611.) *Setzt ursprünglich ein mit Bürgschaft geschlossenes Darlehen voraus.* borgen. 1267 H. 3, 870. cuucio, quae borgin v. dicitur. 1253. 1289 A. 2, 372, 437. caucio judiciaria, quae borga, borgen v. dicitur. 1294 1297. 1299 A. 2, 511. 556. 566. borgen. borgavit (*perf.*) 1300 H. 2. 449. caulio, quae borgen v. dicitur. 1300 A. 2, 595. caucio judiciaria borgen. 1303. 1312. 1314 1319 B. 315. 410. 426. A 2, 822.

borstwere *s.* **wer.**
bosco. in bosco et in plano. 1193 L. 1, 539. *Busch. MZ.* 1, 223.
botthinc *s.* **dinc.**
boyl. piscatio, quae boyl appellatur. 1222 J. 1, 153.
brabiren (*mhd.* bråmber *MZ.* 1, 104). *Brombeere.* moras (brabiren) homines nostri colligere tenentur ad faciendum moratum. 1222 J. 1, 155.
brasmen. (*mhd.* brahsem, brasme *MZ.* 1, 232) *Brasse, Fischart.* genus piscium, plosma i. e. brasmen. 1332 R. 19, 192.
bratpanne. 1341 H. 2, 349. *Bratpfanne*
brautschaet *s.* **schaz.**

brechere. (*mhd.* brècher *MZ.* 1, 242.) lapides frangent, qui v. brechere dicuntur. 1273 L. 2, 652.
breil (*mhd.* bruel *MZ.* 1, 267) *Grasplatz, s.* **athtas.**
bruckepennlnke, bruhus, bruus *s.* **pfennlne. hus.**
brulofleut. (*ahd.* brùtUouñi *Graff* 4, 1120. *mhd.* brùtlouft, brùtlouf *MZ.* 1, 1047, *RA.* 434. *Brautlauf* Schiller, Teil 4, 3) *Brautlaufleute, Zeugen bei der Vermählung.* nuptiae lestes, qui dicuntur brulofleut. 1288 L. 2, 846.
bucking, *Bücking.* unum allec arefactum, quod bucking v. appellatur. 1309 A. 2, 702. mesa buckingorum. 1341 G. 3, 432. *Das Wort ist mhd. noch nicht vorhanden, in* Grimms d. Wörterb. *aus dem J.* 1482 *angeführt.*
bùcshuit, buhcgeshude *s.* **hut.**
bude, boda, bode. (*mhd.* bùde, buode *MZ.* 1, 280.) *Bude.* tunae (*s. d.*) vasa magna ad vindemiam necessaria, quae appellantur buden. 1222 J. 1, 155. quatuor bodas. 1308 R. 10, 455.
kramboden. institoria, quae dicuntur kramboden. 1332 R. 14, 75.
wesslebode, weslibode, *Wechselbude.* fabrica- cameraria (*Münzgebäude*), quae wesslebode, weslibode dicuntur. 1322 N. 5, 145. 146.
budel, bùdellus *s.* **bedellus.**
budine, budink *s.* **dine.**
bugelt *s.* **gelt.**
burammeth *s.* **ambet.**
burban, burding, burkor, burmester *s. d.* 2. *W.*
burdecanus *des Bischofs.* 1258 l. 2, 452.
burden. (*ahd.* burdi *Graff* 3, 162. *mhd.* bùrde *MZ.* 1, 154, *Last, Bürde*). *Mass, einer Traglast gleich.* mensura, quae v. burden vocatur. 1163 J. 1, 699. anfora, burden. 1163 G. 1, 378.
burdiban *s.* **ban.**
burdura. habemus de vico ocinas duas, i. e. casas duas, in qua sunt ine (inae) tres, quae v. nuncupantur patelle (patellae). exit de una ina in unoquoque mense burduras XIV (burdurac XIII). ex his burduris excipit operator quatuor. de unaquaque ine exeunt in ebdomada burdure sex i. e. cotidie una. in medio aprili incipiunt burdure (burdire) usque intrante mense decembrio. postea autem ine dabitur in canlo, si magister voluerit. 893 J. 1, 164. *Graff* 1, 299 *hat die ganze Stelle mit Ausnahme der Worte* ex his-una *und mit den in Klammern stehenden Abweichungen, fügt aber nur bei:* inn- *Kessel? Diefenbach* Gloss. 392 *hat:* ocina = vehiculum velox, *Schnellwage.*
burgen. (*mhd.* burc, bürge *MZ.* 1, 165). mansiones burgen. 1252 H. 1, 625.
burgban, burgfride, burcgeseze, burgraveschaft, burghude, burglehen, burgman, burgstadel, burchwerc *s. d.* 2. *W.*
burglichbu, munitio. 1261 H. 1, 646.
burstruck. cum rubetis v. nuncupatis burstruck. 1372 R. 19, 251.
burtich (*mhd.* bùrtec *MZ.* 1, 155), *bürtig.* ipse B. comes spurius erat, quod v. wanburtlich dicitur. 1030 O. 117.
buteil, buweteil, buwetheylung *s.* **teil.**

C. s. K. Z.

D.

dagescale. (*mhd.* tagcschalc *Zn.* 463.) *Ein Mann, der als Feldarbeiter, Gärtner, Koch, Bäcker etc. um Taglohn arbeitet.* dagescalci aut cerearii. 1116 J. 1, 496. dagescalci aut censuales, qui cereales dicuntur. 1112 J. 1, 484. dagescalci. 1056 J. 1, 401. 404.
dateil *s.* **teil.**
dechine. (*mhd.* dëhem, dëheme *MZ.* 1, 310. *H.* 220. *RA.* 523.) decimae, quae v. dechine vocantur. 1171 L. 1, 439. *Ausmärker durften, gegen Vergütung an die Mark, ihre Schweine in die Mast geben, wahrscheinlich vor Alters gegen Verabfolgung des zehnten Thieres, worauf ich den Ausdruck beziehe: Die Schweine zur Mast* dechen, dechmen. *RA*

deil s. **teil.**
dencman s. **man.**
denyst s. **dienst.**
diohpennege, dienstpenninge s. **pfenninc.**
dienst, dinest, denyst. (ahd. dionost Graff 5, 93. mhd. dienest, dienst MZ. 1, 371. niederd. deenst)
grevelicbes dinstes. 1316 H. 3, 149.
heren-, houedenyst. servilia equorum et curruum, quae v. herendenyst et houedenyst nuncupantur. 1320 R. 13, 240.
voytdinest. 1222 J. 1, 159. Vogtdienst. H. 1976: servitium advocato praestandum.
dienstman, dienstpenninge s. d. 2. W.
dile. (ahd. dilo, dili, dil Graff 5, 133. mhd. dil MZ. 1, 331.) Diele. gardi sunt instrumenta torcularia, quae appellantur pullen et dile. 893. 1222 J. 1, 155.
dinc, ding, dink, dinck, dynch, dinch, dhinc, thinc. (ahd. ding, dinc, thing, thinc, dinch, thinch, dink Graff 5, 176. mhd. dinc MZ. 1, 332. H. 226. R.1. 747. 826. Sm. 1, 379. Z. 1, 7. 16 70. 162.) Gericht, rinc Kreis, in dem sich die Menge versammelt. In placito, quod v. dicitur dinc. 1190 E. 46 locus judiciarius ding. 1222 L. 2, 106 placita, quae v. dinc et rinc appellantur. 1237 L. 2, 223. ce rinc et dinc. 1266 L. 2, 569. ce dinge in ce ringe. 1272 L. 2, 631.
afterdink. (mhd. afterdinc MZ. 1, 334. H. 17. RA 837.) Gericht, das meist unmittelbar hinter dem ordentlichen (ungeb.) Gericht folgte. jus afterdink. 1291 H. 1, 853. 4, 967.
botthinc, gebodending. (mhd. botdinc MZ. 1, 334. H. 179. RA. 827.) Gericht, wozu die Beisitzer geladen (entboten) werden. iudicium, quod v. botthinc. 1231 P. 287. gebodending. 1325 A. 2, 926.
budinc, budink. (ahd. buding Graff 5, 183 mhd. budine MZ. 1, 334. H. 192.) Gericht über Bausachen, oder vielleicht eher über Bauhöfe. Vgl. Unger: Altd. Gerichtsverfassung S. 261. 262. placitum budinc. 1056 G. 1, 132. in placitis abbatis i. e. in budingun. 1056 J. 1, 402. placita, quae vocantur budinc. 1149 L. 1, 367. in placito, quod dicitur budinc. 1211. 1219. 1230 E. 75. 115. 156. judicium budink. 1285 K. 165.
burding. (mhd. burdinc MZ. 1, 334. H. 107: judicium civium de causis civilibus, ron bûr=Wohnung.) judicium, quod burding dicitur. 1297 R. 15, 45.
godinc, gothinc, d. i. Gauding. (H. 732: judicium territorii ac pagi extra urbes habitum a gogravio.) iudicium, in v. gothinc nuncupatum. 1232 P. 296. plebiscitum, quod v. dicitur godinc 1308 N. 3, 700.
greveding d. i. Grafending. H 750. judicium, quod v. dicitur greveding. 1282 N. 2, 473.
holzdinc. (H. 952: judicium de causis et deliclis silvestribus.) ius nemoris, quod v. dicitur holzdinc. 1237 L. 2, 225.
huntdinck, huntdink (im Nahegau). 1442 G. 4, 411. mhd. huntdinc MZ. 1, 334. Z. 1, 288. Gw. 1, 796. 797. 2, 175. Centgericht, s. hunno.
lantding, lantthing. (mhd. lantdinc MZ. 1, 334. H. 1159. Z. 1, 70.) Provinzialgericht. plebiscitum lantdinge. 1204 N. 2, 54. lantthinc, lantthing, lantding. 1239. 1249. 1255. 1261. 1276 N. 2, 226. 264. 306. 310. 346. 439. judicium lantdynch, lantdhinc, lantldinch. 1271. 1272. 1275. 1303. 1306 M. 2, 22. 24. 26. 27. 44. 46.
merkerding, merchirding. (mhd. merkerdinc MZ. 1, 334. H. 1316.) Märkerding, Gericht der versammelten Inmärker. plebiscitum merkerding. 1292 B. 245. iudicium, quod merchirdinge v. nuncupatur. 1300. F. 333.
thetdinch. (dietdinc?) judicium thetdinch. 1262 M. 1, 55.
vngebodending. (H. 1931. RA. 826. Z. 1, 163.) Ungeboten kamen alle Freien auf bestimmte Zeit zusammen. ungebodending. 1071 C. 131. vngebodending. 1304. 1312. 1314 A 2, 643. 729. 730. 746. vngebodinding. 1315 A. 2, 761.
vogetdinc, voiddinc. (H. 1976. Z. 2, 413.) „Hubengericht des Schirmvogtes, das an bestimmten Tagen unter freiem Himmel gehalten ward." Günther. generale placitum voiddinc. 1190 G. 1, 466. iudicium advocatiae, quod v. vogeldinc appellatur. 1223 P. 193.
vridhinc, vriethinc, friedig, d. i. vridinc. (H. 502. Z. 1, 48.) Gericht der

Freien. in foro, qui dicitur vriethinc. 1224 P. 204. in iudicio, quod vridhinc, vriethinc v. dicitur. 1246. 1249 P. 451. 511. coram iudicio liberorum, quod v. friedig dicitur. 1230 P. 271.

wizzeht dinc, wizzehdinc. 1169 L. 1, 433. dies indiciales, wissenthafte dinck. 1291 G. 2, 481. *II.* 2125. *RA.* 779: *Besondere Richter, vor denen Streitsachen abgethan, auch Käufe und Verkäufe geschlossen wurden.*

gedinge, gedinege, gedinck, gedink. (*ahd.* gadingi *Graff* 5, 193. *mhd.* gedinge *MZ.* 1, 340. *II.* 603.) *Gericht, so viel als* dinc. gedincge et rincge. 1271 L. 2, 619. judicium gedingez. 1195 K. 121. placita, quae v. gedinge vocantur. 1269 A. 2, 244

libgeding, lipgedinge. (*ahd.* libgedinge, lipgedinge *Graff* 5, 194. *mhd.* lipgedinge *MZ.* 1, 341. *II.* 1242. *Sm* 1, 379. 2, 416.) *Das, was einem für die Erhaltung des Lebens zur Nutznieszung überlassen oder festgesetzt wird; der Vertrag darüber.* condicio juris, quod lippgedinge v. dicitur. 1271 A. 2, 257. libgeding. 1277 H. 2, 200. dotalitium sive lipgheding. 1327 N. 3, 850.

vogtgedinck, vogtgedink. 1274 G. 2, 383. *s.* vogeldinc.

witzgedinge. 1169 L. 1, 434. *s.* wizzeht dinc.

wrigedinc. 1265 L. 2, 553. *d. i.* vrigedinc, *s* vridhinc.

dincuogt, dinckvoghet, dinchvoit, dinkuoit, dinckuoith *s.* **voget.**

dinclichof *s.* **hof.**

dinogane (dincganc?), quod a nullo judice ecclesiastico vel seculari hoc quod v. dinogane dicitur, exigatur. 1198 S. 1, 120.

dischwin *s.* **win.**

dordede. constituta donatio inter vivos, quae zu dordede v. dicitur. 1300 A. 2, 588. donatio solemnis inter vivos, quae dordede v. dicitur. 1303 II. 3, 939. donatio inter vivos, quae zu dordede v. nuncupatur. 1312 A. 2, 736. *H.* 2009: dordede seu urtat. *mhd.* urtât *ist Vollzug.*

dorffride *s.* **vride.**

doufholt, doufhout *s.* **holz.**

drachgarn, dragarn *s.* **garn.**

dremit. 1219 M. 2, 1 *statt* drûmit (*MZ.* 1, 392) *springt in Stücke.*

dritdeil, dritdeyl *s.* **teil.**

droiff. (*ahd.* trouf, trouphi *Graff* 5, 530. *mhd.* trouf *MZ.* 3, 102.) *Traufe.* stillicidium, quod droiff v. nuncupatur. 1304 F. 360.

drysch, *unangebautes Land.* terra inculta,— quae in v. drysch vel venne (*s. d*) dicitur. 1200 L. 1, 567.

duriste hobit (d. i. *theuerste Haupt).* 1313 H. 3, 86. *so viel als* bestehoubit.

dursuna *d. i.* durchsunna, *Durchsühne, vollständige Sühne.* (*II.* 246. *RA.* 749). reconciliatio, quae v. dicitur dursuna. 1166 L, 1, 414.

E.

ebanentig 777 D. 60. (*vgl. ahd.* eban *Graff* 1, 95 *und mhd.* ëben *MZ.* 1, 407.)

ebevang, *ungefähr.* triginta vel quadraginta marcas aut minus vel magis, quod ebevang v. nuncupatur. 1297 F. 306.

echtwart, ehtward *s.* **achtwarre.**

eckewapen, echgewapen *s.* **wapende.**

ehafti. (*ahd.* éhafti *Graff* 1, 513. *mhd.* éhafte, éhaft *MZ.* 1, 451. *II.* 255. *RA.* 848. *Sm.* 1, 4. Z. 1, 66, 286. 287.) *Was durch Satzung oder Herkommen für eine Person oder Gemeinde Recht oder Pflicht ist.* conditio, quae v. ehafti dicitur. 1258 U. 1, 185.

eigen, eygen, egen. (*ahd.* eigan *Graff* 1, 114. *mhd.* eigen *MZ.* 1, 415. *II.* 282. *RA.* 491. Z. 1, 47 *u. ö.*) *Eigenthum,* in proprietate suo (egen). 893 J. 1, 157. allodium daz eygen. 1298 A. 1, 217.

frieigen. (*II.* 502. *RA.* 494. Z. 2, 11.) *Freies, reines Allod, auch* lütereigen *genannt.* bona, quae appellantur frieigen. 1263 II. 1, 695.

eyginne morginne. 1318 A. 2, 815.

eimber, emer, heimer. (*ahd.* einbar, eimhar *Graff* 3, 149 *mhd* einber, eimber *MZ.* 1, 142) *Eimer.* emer. 1222 J. 1, 155. anfora, quam rustici heimer vocant. 1163 J. 1, 699. heimer vini. 1163 G. 1, 378. quod luminarios emeros rustici non solviasent. 1146 J. 1, 599. *mhd.* liebtvas *ist Lampe, Leuchte.*

einloftig, einlufdich, einlucke. (*mhd.* einlūufec *MZ.* 1, 1047. *H.* 296. *RA.* 373.) *Weil der Freie in der Regel angesessen und begütert ist, werden Knechte und Hörige auch mit Namen belegt, die das Gegentheil ausdrücken:* einlaufige, einluftige, einlopen, einluke. *Ein solcher steht in keiner Genossenschaft, hat namentlich keinen zur Mark berechtigten Hof.* homo, qui dicitur einluf dich. 1269 A. 2, 239. homines, qui dicuntur einloftic. 1275 A. 2, 291. homines, qui eynlouftege lute v. nuncupantur. 1289 A. 2, 449. illi, qui dicuntur einlucke lude. 1226 P. 229.

einunge, eininge. (*ahd.* einunga *Graff* 1, 333. *mhd* einunge *MZ.* 1, 424. *II* 305. *Z.* 1, 23. 24. 169.) *Vertrag, worüber man sich geeinigt hat.* nemo debet facere einunge sine consilio advocati. dominus noster debet facere einungam in oppido et villis adjacentibus de agris, pratis, pascuis, sylvis et via communi. 1239 T. 2, 139. statutum, quod einunga dicitur. 1237 E. 183. statuta, quae v. eininge et kuro (*s. d*) nuncupatur. 1259 L. 2, 470.

eitsverin. (*mhd.* eidsbaere. *MZ.* 1, 427. *H.* 280. *Gw.* 3, 739 *um* 1400 aidsbern.) *Zum Eide zulässig.* homines, qui eitsverin v. appellantur. 1283 F. 211.

eker, ekker, eykeyr. (*RA.* 522. *Z.* 1, 154.) *Die Hauptsorgfalt der Märker war darauf gerichtet, wenn es Eckern (Eicheln, Bucheln) gab, zu ordnen, wie viel Schweine jeder Genosse in die Mast treiben durfte.* jus ekkere. 1147 II. 1, 967. fructus quercuum et fagorum, qui v. dicuntur eykeyr, ekeren. 1201. 1298 L. 2, 1. 984.

ellende *hiess: eine Genossenschaft.* fratres, qui dicuntur ellende. elendegylde, gylde exulum. 1331. 1336. 1356 R. 14, 75. 78. 111.

emberber. cerovisia, quae v. dicitur emberber. 1285 R. 10, 452.

emer *s.* eimber.

erbe. (*ahd.* aripeo, arpeo, erbo *Graff* 1, 406. *mhd.* erbe, *und.* erve *MZ* 1. 439.) castrensis liber et hereditarius. quod ein ledig erbe burgman v. dicitur. 1339 T. 3, 245.

ganerve, anegerue. (*ahd.* kanarpeo, canherbo, geanerho *Graff* 1, 406. *mhd.* ganerbe. *MZ.* 1, 439. *H.* 584. *RA.* 478. 481. 482. *Sm.* 1, 102.) *Insbesondere verstcht man unter* Ganerben *diejenigen, die überein gekommen sind, ihre Güter oder einige derselben gemeinschaftlich zu besitzen, in die Verlassenschaft aussterbender Mitglieder aber sogleich wechselseitig einzutreten.* ganerven 1267 L. 2, 571. anegeruen. 1267 G. 2, 355.

leverve. (*mhd.* llberbe *MZ.* 1, 440.) *Leibeserbe.* haeres, qui in v. dicitur leverve. 1238 P. 351.

eruideli, eruedeli, erffschilline, erfsgelync, erffeschit *s.* teil, schilline, schit.

erlos, erelois. (*mhd.* èrlôs. *II.* 270.) feria quinta et sexta usque ad occasum solis in dominica nemo debet incursare personam vel bona ipsius propter rancorem animi sui, quod v. dicitur fryhe moet (*s. d.*), et qui taliter incursaverit, exlex erit et infamis, quod dicitur erelois et rechtlois. 1239 T. 2, 139. infames erlos et rechtlois. 1240 H. 1, 565.

esschin. (*ahd.* asc *Graff* 1, 492. *mhd* asch *MZ.* 1, 64.) *Esche.* de lignis esschin nominalis. 1317 R. 11, 210.

esselllinge. axiles et scindalae ad tecta restauranda. axiles y. appellamus esselinge et scindalas scundelen (*s. d.*). scindelingaes. 1222 J. 1, 145. 196. *Df.* 63: axilia = scindelun, scindala.

F. s. auch V.

fautpennege *s.* **pfennine.**

fernzel. 1442 G. 4, 413. *Viernzel, nach* Grimm d. Wörterb. 3, 1540 *verderbt aus* vierzal

ferto argenti. 1190 N. 2, 31. ferto. 1218 E, 243. ferto denariorum. 1285 G. 2. 454.

Df. 231 flerling, vierdunc *etc. MZ.* 3, 307 vierdunc = *der vierte Theil eines Pfundes.*

firdeling, mensura. 1300 D. 849. *MZ.* 3, 307 *ist* vierdelinc *ein Viertel von hundert.*

flichtifennine *s.* pfennine.

fogteret *s.* recht.

forlase s. **lesen.**
forwercum s. **werc.**
franchisiis. 1314 G. 3, 158. *Freiheiten.*
Z. 1, 39: *Das Recht des Ausschlusses der Gerichtsbarkeit des Grafen als des ordentlichen Landrichters in jenen Sachen, welche zur Competenz des Dinghofs gehörten.*
freda, *Friedensgeld.* (RA 656. Z. 1, 85.) „*fredus hiess was dem König oder Volk für den gebrochenen Frieden entrichtet wurde, er begleitet nicht jede Privatbusze.* RA. ad freda ac thelonea exigenda. 1036 H. 1, 373. nec freda nec sthopha nec herebanno recipere nec requirere. 670—73 S. 1, 2. (1, 6 von 782 *ebenso, nur* stopha.) freda exigenda. 989 S. 1, 19. cum hanno nostro et fredo. 1024 S. 1, 26 u. ö. *rgl* Graff 3, 788.
frentzwin s. **win.**
frevel s. **vrevel.**
fride s. **vride.**
friedig s. **dinc.**
frieigen s. **eigen.**
friesschgarn s. **garn.**
frihelmgericht, fribengerede s. **gericht.**

frihemoet s. **muot.**
friskinga, friskinc, friskingus, frischinga, frisginga, friscovina C. 532. 3652. 3654. 3662. 3671. 3675 u. ö. de friskingis. 892 H. 1, 3. solvit friskingam ueruecenam cum lana. 893 J. 1, 148. 151. 160. 199 u. ö. friskingos. 1056 J. 1, 400. frisingum. 1090 H. 1, 29. det frissingum. 1100 S. 1, 70. *Frischlinge, Ferkel und Lämmer, musten dem Gerichtsherrn vorgesetzt werden.* Z. 2, 174. 372. 373. MZ. 3, 408. Graff 3, 832. Sm. 1, 619.
froinde s. **vronde.**
fronfaste s. **vronvaste.**
fronhof, fronehof, fronhove s. **hof.**
fryhemoet s. **muot.**
fuderbauere. 1285 K. 165.
fultia duo vini. 1189 G. 1, 463. *Fuder.*
fuldenere. stipendiarii, qui fuldenere v. dicuntur. 1256 F. 97.
furfura, telonei genus. 1315 H. 3, 127.
furpennech s. **pfennine.**
furst, nemus. 1296 A. 1, 213. *mhd.* vorst MZ 3, 384.
furstere, custodes nemorum. 1285 K. 165. *mhd.* vorstaere MZ. 3, 384.

G.

galeta vini. init. saec. XIII. K. 125 *Gelte, mhd.* gelte MZ. 1, 498. *ahd.* gellida, gellita Graff 4, 184.
ganerbe s. **erbe.**
garbe, garve. (*ahd.* garba Graff 4, 247. *mhd.* garbe MZ. 1, 481.) *Garbe.* duas garbas 893 J. 1, 160. tres garbas. 1083. 1149 G. 1, 149. 323.
offergarue. 1278 L. 2, 717.
succegarve. 1278 L. 2, 712. *Garbe für Entbindung von der Verpflichtung den Haupthof zu besuchen.* s. suke.
gardi s. **dlie.**
garn, *Netz, so schon ahd. und mhd.* waden (s. d.) sive garne, sagenae piscatoriae. 1283 M. 1, 80.
drachgarne (*Netz*). 1292 M. 1, 89. rete, quod drachgarn, dragarn dicitur. 1361 H. 12, 39. 40.
friesschgarn. 1338 L. 3, 326 *Friesisches Garn, Handelsware.*
gebil (*ahd.* gebal, gibil Graff 4, 127. *mhd.* gebel, gibil.) *Giebel.* murus lapideus dictus v. ein gebil. 1304 A. 2. 644.
gebodending s. **dinc.**
gebot, exhibitio. 1316 H. 2, 453.
geburrecht s. **recht.**
geburscaf. (*mhd.* geburschaft, *Bauerschaft* MZ. 1, 291) jus oppidanorum, quod geburscaf v. appellatur. 1280 L. 2, 741.
gebuseme. (*mhd.* gebuoseme MZ. 1, 291. II 600. RA. 470.) Busem *nach sächsischem Recht bedeutet Verwandtschaft in geradabsteigender Linie und* busemen, gebusemen *Descendenten, consanguinei.* RA. consanguinei, gebuseme. 1282 H. 1, 790. tales personae, quae v. nuncupantur gebuseme. 1297 F. 306.
gedelinge. (*ahd.* galaling Graff 4, 143 *mhd.* getelinc MZ 1, 488) *Verwandter, Vetter.* primi consanguinei, qui nesten (d. i. naehesten) gedelinge v. nuncupantur. 1273 R. 14, 12.
gedinge s. **dinc.**
geiltiweize, triticum. 1300 D. 849.

gelt, geld. (ahd. mhd. gëlt Graff 4, 191. MZ 1, 522. RA. 382. 649. Sm 2, 43.)
bugelt. 1313 T. 2, 273.
cruzegelt. 1312 T. 2, 272.
gotzhusgelt. 1315 II. 3, 127.
guttregildum. talionem i. e. guttregildum legibus componat. 948 T 1, 249. *Es ist* guitregildum *zu bessern, ahd.* guidrigild *d. i.* widrigild, wedregild Graff 4, 192. *mhd.* widergëlt MZ. 1, 524. *Wiedervergeltung,Ersatz.*
hubgelt. 1275 H. 2, 195 hubengelt. 1282 B. 189. *mhd.* huobegëlt, huobgëlt MZ 1, 523. *II.* 960. RA 382. *Die auf der Hube lastende Abgabe, gleichviel, ob sie in Münze oder Naturalien bestand.*
kyrchgeld. 1201 L. 2, 1.
mangelta, jus. 1508 II. 4, 570. manngelt 1490 II. 4, 488. *II.* 1304. RA. 650. *Geldbusze für einen Erschlagenen.*
stedegeld. sine pacto, quod stedegeld dicitur. 1326 R. 18, 379
vimgelt, diz (redditus). 1313 T. 2, 273.
vngelt. (mhd. ungëlt MZ. 1, 523 *II.* 1933. Sm. 2, 43) *Abgabe.* tribulum, quod v. dicitur ungelt. 1238. 1260 S 1, 219. 314 *u. ö.* pecunia vngelt. 1244 II. 1, 581 gwindaia (s. d.), quae v. appellantur ungelt. 1264 S. 1, 332. census, qui vngelt nuncupatur. 1285 T. 3, 176 octava pars vngelti. 1298 A. 2, 559. pensio vngelt. 1300 D. 849. ungelt de cerevisia, quod dicitur bierschoz. ungeltum pistorium, quod dicitur beckerschoz 1312 T. 2, 272. *s. noch* assisie.
vedungelt, jus. 1298 L. 2, 984 *Ist mhd.* wetgëlt-*Geldbusze für Vergehen gegen das Gericht verstanden?*
voytgeld. 1308 T. 2, 265. *II.* 1977: pensio et reditus advocati.
wegegelt, pedagium. 1317 I. 3, 160.
wergelt. (ahd wërigëlt Graff 4. 192 mhd. wërgëlt MZ. 1, 523 *II.* 2081. RA. 650. Z 2, 191. 196. *u. ö.*) *Geldbusze, welche für einen Mord oder eine schwere Beleidigung im Verhältniss zu dem Stande des Getödteten oder Beschädigten bezahlt werden muszte.* uueregeldum exigere .. nueregeldum acquirit .. uueregelt. 1103. 1112 J. 1, 405, 464. 484. wergelt. 1275 L. 2, 670.
gemad *s.* **mat.**
gemain rod. de rubedinis molitae, gemaln rod. 1338 L 3, 326.

gemeine, ghemeyne. communitas, quae ghemeyne vocatur. 1331 N. 3, 867.
gemeineweide *s.* **weide.**
genoz, genot. (ahd. ganóz, ganózi Graff 2, 1125. mhd. genóz MZ. 2, 395. niederd. genoot, genot. *II.* 658.)
antwercgenoz. artifices, qui antwercgenoz dicuntur. 1284 F. 214. *Verwechselt mit* hantwercgenoz MZ. 3, 589. *s.* Grimm d. Wörterb. 1, 507.
holtzgenoze, *Mitmärker.* homines holtzgenoze. 1275 G. 2, 411. officiales, qui waltgenoten seu holtgenoten dicuntur. 1279 L. 2, 738.
husgenoz. (ahd. húsganóz Graff 2, 1126. mhd. húsgenóz MZ. 2, 398 H. 845. Z 1, 50. 2, 281.) *Hausgenosse.* qui husgenoze dicuntur. 1252 L. 2, 383. húsgenoizen, húsgenoizschaf. 1258 L. 2, 464. husgenozschaf 1259 L. 2, 469. hussgenossen. 1263 II. 2, 142. contubernales, quos v. husgenoz appellat. 1289 F. 245. husgenoszen. 1289 S. 1, 418.
vimmenotis *(Fehmgenossen).* 1265 L. 2, 553. *II.* 433.
waltgenoten *s.* **holzgenoze.**
gerade *s.* **rade.**
gericht. (ahd. girihti, gerihte Graff 2, 417. mhd. gerihte.)
friheimgericht, frihengerede. 1343. 1354 G. 3, 452. 609 *II.* 505. RA. 828. *Freigerichte, die der Landeshoheit der Fürsten nicht unterworfen waren.*
hochgericht. 1285 L. 2, 802. *Hochgericht, Galgen.*
oberste gericht. 1247 II. 1, 597.
geritte. potestates seculares, quae v. appellantur pellince, grascaf, villban, cuppelle, natselde, geritte. 1222. J. 1, 154 *Ist es* gerihte?
geschrei *s.* **schrei.**
geseze. (ahd. gesázi Graff 6, 304. mhd. gesaeze.) *Wohnsitz.*
burcgeseze, jus. 1239 II 1, 550. *Wohnung in der Burg und Pflicht, dieselbe zu schützen.*
gespalden *s.* **spalten.**
gesticklitwin *s.* **win.**
gewalt *in* **holzgewalt,** *Holzberechtigung.* potestas, quae v. dicitur holtgewalt, holzgewalt, holzgeweide, holsz-

gewalt, hůlzgewalt. 1281. 1283. 1297 L. 2, 748. 785. 977.
gewede *s.* **wede.**
gewelde, geweldig *s.* **wald.**
gewerf, guwerf. (mhd. gewërf MZ. 3, 740. *II.* 712. *RA.* 298. Z. 1, 275.) *Eigentlich was man zusammen wirft oder bringt, „drückt mehr den Beitrag der Freien, als die Entrichtung der Hörigen aus."* RA. collectas advocatorum, quas ibidem v. nomine guwerf vocant. 1166 J. 1, 705. gewerf. 1213 G. 2, 111. jus, quod gewerf v. appellatur. 1257 1266. 1269. 1290 L. 2, 446. 569. 592 897.
gewetde *s.* **wette.**
gewirde. 1334 B. 649. *Behutsamkeit, Vorsicht.* ahd. gawarida, gewerida *Graff* I, 912. mhd. gewerde MZ. 3, 510.
gezuichwin *s.* **win.**
gilde, *Gilde, Genossenschaft.* gilde illorum, qui incisores panni *(Gewandschneider)* nuncupantur. 1231 R. 15, 8. fraternitas, quae gilde theutonice nuncupatur. 1282. 1287 R. 14, 30. 33. ghilde 1323 R. 14, 64. pannicidarum gilde, gylde. 1327 R. 14, 67.
girlose *s.* **kirclose.**
glauem i. e. lignarium sive acervum liguorum, quae lingua v. appellantur kunikgesholzt sive wideglage (*s. d.*) 893. 1222 J. 1, 144.
godeslehen *s.* **lehen.**
godinc, gothinc *s.* **dinc.**
gotzhusgelt *s.* **gelt.**
gras. (ahd. mhd gras *Graff* 4, 333. MZ. 1, 566.)
copplegrase. 1176 L. 1, 458. *Gras auf einer Koppelwiese.*
risegras, risegraz, olera. 1274 A. 1, 69.
wergras. 1278 L. 2, 717. *Gemeindeweide.*
grave. (ahd. grávo, gráveo *Graff* 4, 312 mhd. gráve MZ. 1, 567. *II.* 748. *RA.* 752. Z. 1, 74.) *s. noch* willban.
burgraveschaft. 1239 II. 1, 550.
holzgrave. (*II.* 953 *RA* 754.) *Oberherr der Markgenossenschaft* pro singulari arbore quercino hollgravio scilicet domino abbati. 1243 L. 2, 281. ius nostrum, quod habuimus in silva, quod v. holzgrafschaf dicitur. 1271 L. 2, 616 G. 2, 373. holtzgraschap. 1342 L. 3, 371.
thingravius. 1265 L. 2, 553. *II* 231: praetor urbanus. *RA.* 754 *aus dem J.* 1220: dincgrave.

vrigrachaf (*l.* vrigraschaf). 1275 L. 2, 689. judicium vriegraschaf, vreygraschaf. 1314. 1316. L. 3, 132. 153. *Freigrafschaft. II.* 506. Z. 1, 67.
greveding, grevelīches dīnstes, grevenban *s.* **dinc, dienst, ban.**
grawam. dare debeam unam crusinam. quam v. dicunt grawam. 1059—72 T. 2, 36.
grawere *s.* **were.**
grundtrure, gruntroringe. quod de concivibus vestris naufragantibus nullum onus, quod v. grundtrure nuncupatur, in nostro regione recipi permittimus 1270 L. 2, 599. naufragia, gruntroringe. 1314 L. 3, 143. mhd. *sagt man:* den grunt rüeren = *stranden.*
gruz. *Grütze,* ahd. gruzi *Graff* 4, 344. *Df.* 343 magaria (herba) gruz, kruz. — legumen grutzhin. 1292 G. 2, 449. legamns elemosinam sex marcarum, quae annuatim apud Munheim quae v. sermone dicitur gruz, solventur in annunciatione dominica. 1262 L. 2, 521.
gut, gůt, guth, goet. (ahd. mhd. guot *Graff* 4, 160. MZ. 1, 589.)
eigengut. (mhd. eigenguot MZ. 1, 590. *II.* 282.) *Eigenthum.* mansus, qui v. diciturerghen ther hilghen guth. 1236 P. 334. *Kirchengut.*
lazgut. (ahd. lâzgut *Graff* 4, 166. *II.* 1197.) *Lehengut, das nach dem Tode des Besitzers erledigt (erlassen) und dem Eigenthumsherrn wieder frei wird.* bona feodalia et bona censualia, quae v. leangůt et lazgůt dicuntur. 1176 L. 1, 461. laizguith. 1197 L. 1, 558. lazgut. 1190 G. 1, 466.
lehengut. (mhd. lêhenguot MZ. 1, 590. *II.* 1225.) besessen leyngut. 1349 L. 3, 465. iura cormede leingoêt. 1260 L. 2, 494. *s. noch* lazgut.
selgut. (mhd. salguot, selguot MZ. 1, 591.) *Freies, nicht zinsbares Gut, Herrengut.* selguth C. 3682. selegůt 1096 L. 1, 253. agri curiae, quos v. appellamus selguut sive alten vel cunden. 1222 J. 1, 144. *Vgl. Das Salgut. Von Dr. G.* Landau. *Kassel* 1862.
guttregildum *s.* **gelt.**
guwerf *s.* **gewerf.**
gwerre vel dissensio. 1314 R. 15, 62. *Streit, Zwietracht,* mhd. gewërre MZ, 3, 747.
gwindaia, quae v. appellantur ungelt. 1264 S. 1, 332.

2*

H.

hachte. de publico carcere, qui hachte dicitur. 1258 L. 2, 452. *niederd. für hochd. Haft.*

haech, equa. 1316 A. 2, 791. *Vgl* hechezen = *wiehern bei Sm.* 2, 143.

hafkamen, navicula. 1270 M. 1, 65. *Kähne im Haff.*

hagenboken, arbores. 1256 M. 1, 47. *Hainbuche, mhd.* hagenbuoche MZ. 1, 280.

hail *s.* **her.**

haistaldi. (*ahd.* hagastalt *Graff* 6, 667. *mhd.* hagestalt MZ. 1, 606. *H.* 779. *RA.* 484.) *Hagestolz, Besitzer eines Hages; der Begriff nähert sich dem* einläußg. haistaldi, illi ministeriales, qui non tenent a curia hereditatem, quia communionem habent in pascuis et aquis nostris. 893. 1222 J. 1, 145.

hallas sive tecta aedificare. 1237 L. 2, 220. *Halle.*

hama *s.* **ama.**

hamel. oves, quae v. dicuntur hamele. 1260 L. 2, 494 *Hammel.*

hansin. 1259 L. 2, 469. *Hanse, Handelsinnung.*

hantangel, hantilen *s.* **angel, lehen.**

hare hare. quatuor diebus antequam clametur hare haro persolvant. 1214 L. 2, 47. *Vgl.* haren = *rufen, vorladen.*

haspelcorn *s.* **korn.**

hastemoed *s.* **muot.**

hege, heghe. (*ahd.* hegi *Graff* 4, 761. *mhd.* hege MZ. 1, 606.) *Hegestück, Zaun, Hecke.* exceptis graminibus secationi deputatis, quae v. hege dicuntur 1254 N. 2, 303. defensatio, quae heghe dicitur. 1317 H, 19, 70.

heimburgo. (*ahd.* heimburgo *Graff* 3, 177. *mhd.* heimbürge MZ. 1, 165. *H.* 856. Z. 1, 9. 306.) *Gemeindevorsteher.* officium, quod v. dicitur heimburgo. 1175 A. 2, 12.

helmer *s.* **elmber.**

her unde hall *d. i. Heer und Hagel, Verwüstung durch Feinde und Hagel.* si aliquod dampnum predictos dominos sustinere contigerit racione exercitus regis vel alterius cuiuscunque, aut grandinis, quod v. dicitur her unde hail. 1307 F. 375.

herbekliche, *erblich.* jus emphitioticum, quod v. dicitur herbekliche. 1311 H. 403

herberge. (*ahd.* heribërga *Graff* 3, 175. *mhd.* herbërge MZ. 1, 161. *H.* 880. Z. 1, 142. 221. 2, 306. 311. 314. 318. 319.) *Das Recht der Grund-, Vogt- und Landesherrn, auf Zügen und Reisen in den Häusern ihrer Unterthanen oder Vasallen zugleich mit ihrer Dienerschaft Herberge am Tage zu nehmen; s.* nahtselde. procurationes, quae herberge v. appellantur. 1257 A. 2, 154. jus herbergie. 1263 A. 2, 197. jus hospicii, herberge. 1276 A. 1, 81. herberge. 1285 K. 165. nullo exactionum sive serviciorum genere seu perangariarum, quae herbergen v. appellantur. 1289 A. 2, 434. onus hospicii, quae berberge dicitur. 1304 A. 2. 637. jus herberge. 1313 A. 2, 737. jus hospitalitas herberge v. dict. 1325 A. 2, 927. jus herberga. 1349 H. 3, 345.

herbentbede *s.* **bete.**

herlban, hergewede, herperret, herschllt, hersture, hervarth, herwede, herzüge *s. d* 2. *W.*

herendenyst *s.* **dienst.**

herrengult, redditus. 1321 H. 3, 738. *Herrengülte. H.* 901.

heruestret. denarii, qui appellantur heruestret 1222 J. 1, 180.

heymal, heymall. (*mhd.* hegemál MZ. 1. 19. *RA.* 851. *H.* 776.) *Gehegtes Gericht.* heymal. 1326 G. 3, 248. judicium heymail. 1329 L. 3, 241.

heymerader. diffinitores dictos heymerader. 1295 L. 2, 975. *H.* 866: qui consulit publicae communitati et patriae.

heymsuchen. (*H.* 869. *R.*t. 872. Z. 1, 178. 200. 292. 2, 310. 320.) *Einbruch, er gehörte zur peinlichen Gerichtsbarkeit.* excessus, qui dicuntur heymsuchen. 1297 F. 305. heymsuchen, heymsucher. 1326 G. 3, 247.

hieman, hyeman. *Hausgenosse, Hofmann, Hofgeschworner.* coram hyemannis. 1258 L. 2, 460. ad nullum judiciale forum hyemannorum. 1274 L. 2, 661. coram judice et hyemannis 1280 L. 2, 743. coram scabinis sive hyemannis. 1284 L. 2, 791.

biemannis et juratis. 1311 II. 2, 998. — coram hominibus ipsius curtis, qui v. hygen vocantur. 1268 L. 2, 569. officiales. qui dicuntur hyen. 1279 L. 2. 738 *mhd.* hiwi, hije, hie *MZ.* 1, 695. *ahd.* hiwo *Graff* 4, 1066. *H.* 905. 906 *RA.* 303 418 *ist Gatte, auch Knecht*
hilghenguth *d. i. Heiligengut s.* **gut.**
hoba, hobe *s.* **hof, huobe.**
hocas, hocuar. quae piscatio quia in similitudinem palorum, quos incolae hocas vocant, construitur, gentilicio nomine ab indigenis hocuar nuncupatur. 832 O. 7.
hochgericht *s.* **gericht.**
hof, hov, holf. (*ahd.* hof, hoph *Graff* 4, 828 *mhd.* hof *MZ.* 1, 698. *Sm.* 2. 156.)
dinclehof. 1330 G. 2, 263. *Unbengericht. II.* 231: curia, ubi colonis jus redditur in causis emphyteuticariis, *Vgl.* Z. 1, 7. 30 *u. ö.*
sedilholf. 1362 F. 343 *Herrenhof, Herrensitz, mhd.* sédelhof *MZ* 1, 700. *H.* 1579. *Sm.* 2, 157.
selehoven. C. 1976. selhuben. C. 2257. 3692. curtis, quae francorum lingua selehof dicitur. 1096 L. 1, 253. selehoua. 1068 L. 1, 211. selhhoua. 799. L. 1. 14. *Freies unzinsbares Gut, Herrenhof, von dem andere Höfe abhängig sind. mhd.* salhof, selehof *MZ.* 1, 699. *ahd.* selehof *Graff* 4, 529 *Vgl. H.* 1582. Z 1, 10. 49. 63. 107.
stadelhobe, stadilhobe. 1291 II. 2, 266 268. *Herrenhof, mhd.* stadelhof *MZ.* 1, 700. *Vgl. H.* 1719 Z. 1. 56.
vronhof, fronhof. (*ahd.* frónohuf, frónehof *Graff* 4, 829. *mhd.* vrónehof *MZ.* 1, 700. *H.* 540. Z. 1, 7. 12.) *Herrenhof.* domus dominica, quam appellamus v. wronhof. 1222 J. 1, 144. curtes, quae v fronhoue dicuntur. 1263 A. 2, 197. curtes fronhof, fronehof, fronhove. 1263 1280. 1285 II. 1, 697. 778. 812 curia Vronehof, Fronhaib. Vronhof. 1289. 1334 F. 245 246 529. *s.* noch die *Ortnamen.*
vronehobistat *s.* **stat.**
houedenyst, houelunger, hoverecht, houestat, hovezens, hoveeins *s. d.* 2. *W.*
holen nur in **ufholen.** bona publicandi, quod vfholin dicitur, habebit facultatem. 1292 A. 2, 451. jus offholen 1293 S. 1, 434. quod domos possint tollere et confiscare,

quod dicitur vfholen. 1316 A. 2, 772. ofholen. 1320. 1322. A. 2, 845 887.
holz, hoylz, holt, hout, *ahd. mhd.* holz, *angelsächs.* holt, *niederländ.* hout.
doufholt, doufhout. (*mhd.* loupholz *MZ.* 1. 707. *RA.* 507) *Das kleinere Unterholz, Strauchwerk, Späne.* ad usum ignis proprii collectionem lignorum, quae dicuntur doufholt. 1223 L. 2. 110. ligna inutilia, quae v. dicuntur doufhont. 1298 L. 2, 994. doyfhoylz. 1312 L. 3. 29.
klaritzenholtzn, laquericia. 1338 L. 3, 326. *Df.* 333 *hat unter vielen Namen für* liquiricium (*Lakritze*) *auch* claritz.
kunikegesholtz *s.* **glauem.**
maserinsholtz. de centenario maserinsholtzes. 1338 L. 3, 326. *Maserholz, Holz mit Adern und Flammenzeichnung.*
scharhoylz. 1303 L. 3, 29.
urhulze. (*mhd.* urholz *MZ.* 1, 707. *RA.* 507.) *Unfruchtbares Holz, also nicht Eichen und Buchen.* lignum de arboribus, quae fructiferae non sunt, et in v. urhulze appellantur. 1193 F. 18.
werholz. ubi per sententiam est diffinitum quod nulli ville (villae) super ligna nemoris confovenda statuere bannum id est werbolz liceat preter unum et hoc in terminis suis et quo forte voluerit. 1226 E. 245.
holzdinc, holtzgenoze, holtgenoten, holzgewalt, holtgewalde, holzgrave, holzkorn, holzoncern, holzmarke, holzschephel *s. d.* 2. *W.*
houbetreht, houvetlude *s.* **recht, liut.**
hövere, houinnere, hoyvenhere. (*mhd.* hovenaere *bei Zn*) *Höfer, Hofgeschworner.* rustici homines hövere. 1202. G. 2, 72. houinnere. 1253 G. 2, 263 hoyuenhere. 1325 G. 3, 232.
houereide. area, quae v. dicitur houereide. 1242 L. 2, 257.
howedde *s.* **wette.**
hude *s.* **hute.**
hulda, hulde. (*ahd.* huldi *Graff* 4, 915. *mhd* hulde *MZ* 1, 705. *H.* 966. Z. 2, 16.) *Die Ministerialen sprachen auf Treue (fides), die Schöffen auf ihren Eid (hulde).* hulda. 1202 G. 2, 71. per huldam. 1291 G. 2,

480. homagium hulde. 1317 L. 3, 162. ea fidelitate, quae v. dicitur bi unsers herren hulden publice proßtemur. 1324 T. 3, 229.
hulft. *(ahd* hulult *Graff* 4, 880 *mhd.* hullt *MZ.* 1, 690.) *Decke.* opertorium sellae, quod theutonice dicitur hulft. 1104 J. 1, 468.
hundisson, filius meretricis. 1297 F. 305.
hunno, hunne, huno. *(ahd.* hunno *Graff* 4, 976. *mhd.* hunne, hunde *MZ* 1, 727. *RA.* 756. Z. 1, 289.) *Ursprünglich* centenarius, *dann Gerichtsperson, heisst so, weil er dem* huntari, *der* hunaria *als Richter vorgesetzt ist, fällt der Sache nach mit dem* schultheize *zusammen* hunno centurio. 1056. 1112 1116. 1135 J. 1, 401. 484. 496 538. cum huonnone suo. 1272 L. 2, 631. huno. 1311 II. 2, 1004. vnsern honnen (*deutsche Urk.*) 1438 H. 2, 1294.
hunaria. 1164 G 1, 381. 382.
hunnaria. 1164 J. 1, 700 701.
huntdink, huntkorn, huntzwin *s. d* 2. W
huobe, huba, hoba, hobe, houve, houe. *(ahd.* huoba, huba, hoba *Graff* 4, 753 *mhd* huobe *MZ.* 1, 729. *H* 959. *RA.* 535. *Sm* 2, 141. Z. 1, 162.) *Hufe, ein gemessenes und gehegtes Landstück, konnte in der Flur und im Walde liegen; die Grösze war verschieden.* hoba. 744. s. 1, 40 u. ö. huoba. 914 D. 662. huoba. 1072 J. 1, 429. huobe. 1072 G 1, 145. huba. 1162 D. 828. u. ö. houve. 1202 G 2, 73. mansus, qui theutonice dicitur houe. 1264 L. 2, 548.
kuningishuve. juralis kunihkgeshuue 1222 J. 1, 144. mansus regalis kuningishuue. 1248 L. 2, 336. ius, quod kunincxhuven dicitur. 1211 L. 2, 38.
lazeshuova. mansus gennilis, qui teutonica lingua lazeshuova dicitur. 997 J. 1, 329
hubenere. 1276 H. 2, 198. *Inhaber einer Hube, mhd.* huobenaere, huobaere *MZ.* 1, 729. *H* 962. *RA.* 317. 536 Z. 1, 8.
hubgelt, hubengelt, hubrecht, hubenzins *s d* 2. W.
hurlant *s.* lant.

hus. *(ahd. mhd.* hûs *Graff* 4, 1050. *MZ.* 1, 737.)
bachhus, bruhus. *(mhd.* bachhús, brinhús *MZ.* 1, 737. 738.) cambam v. appellamus bahchus et bruhus. 1222 J. 1, 144. camba ovenhus et bruus. 1222 J. 1, 148.
chlendehus. 1217 L. 2, 63. *Zehntenhaus.*
ledegehus. (*H.* 1219: castrum ligium.) libera castra, quae v. ledegehus appellantur. 1278 ledegehuse. 1282 L. 2, 773.
offenhus. 1312 II. 3, 77. accessibile castrum offenhus. 1361 I., 3, 614 *II.* 1446.
ovenhus *s.* **bachhus.**
spilhus, theatrum. 1317 B. 471. *mhd.* spilhús *MZ.* 1, 739. *H.* 1703.
stochus, 1279 L. 2, 727. *Stockhaus*, *Gefängniss.*
hussukinge. de casu, qui dicitur hussukinge. 1211 R. 10, 60. *Haussuchung, oft Heimsuchung H* 851. Z. 1, 185.
husgenoz *s.* **genoz.**
hut, hult, hude. *(ahd. mhd.* hût *Graff* 4, 806 *MZ.* 1, 741.) *Haut.*
bucshuit, buhegeshude, *Bockshaut.* pelles de corduano, qui buhegeshude appellantur, ut inde fiant sotulares suis capellanis. 1222 J. 1, 184. unam pellem, quae dicitur bucshuit. 1260 L. 2, 494.
korduanhut. de pelle bircino, korduanhut. 1338 L. 3, 328. (*Ware.*)
rindshut. de pelle bovis, von der ungeloeten rindshut. 1338 I. 3, 326. (*Ware*)
hute, hude. *(ahd.* huota *Graff* 4, 803. *mhd.* huote *MZ.* 1, 730.) *Hut, Aufsicht.*
burghute. (*mhd.* burchuote *MZ.* 1, 730.) *Bewohnung einer Burg, eines festen Platzes.* custodia burghute. 1268 H. 1, 716. perfecta est debita custodia castrensis, quae v. ein reyth burghude vnde ein reyth burgfriede dicitur. 1341 T. 2, 343.
meihude. sive in tritico seu in poena, quae meihude dicta est. 1217 L. 2, 69. *Wallraf 57 hat: medrhude* = *gemeinsame Hütung einer Burg, eines Waldes etc.*
hyeman, hygen, hyen *s.* **hieman.**

I. J.

ierten perticas magnas. 1222 J. 1, 151. 155. *Gerten s.* **rembele.**
ine *s.* **burdura.**

inkomen. ius advenarum, quod inkomen v. dicitur. 1273 L. 2, 658.
Ininge, Ianige, Ininge. *Innung.* de

articulis institorum, qui innige vocantur. 1239
T. 2, 139. jus, quod innighe v. appellatur.
1265 R. 11. 204. de his, qui ininge v. dicuntur. 1285 R. 15, 34. fraternitas, quae
ininge, inninghe dicitur. 1299. 1335 R.
15, 46. 93.
Jarbede, Jarmarket *s. d.* 2. *W.*

caminata. 1139 L. 1, 334. 1202 G. 2, 71. *ahd.* cheminâta *Graff* 4. 400. *mhd.* kemenâte *MZ.* 1, 795. *mittellat.* caminata. *Heizbares Gemach.*
camsil est lineus pannus. 1222 J. 1, 145. camisialia 1082 J. 1, 440 *Vgl unser Kamisol, mittellat.* camisia == *leinenes Unterkleid.*
canell. canale, quod canell in v. dicitur. 1304 F. 360. canell. 1304 II. 3. 18. *Kanal, mhd.* kanel, kenel *MZ.* 1, 785.
canlo *s.* burdura.
castenvogt *s.* **vogt.**
cauwersin. judeos vel cauwersinos. cauwerzyn. 1317 L. 3, 162. 163. *mhd.* kawërzin, kauwërzin, *mittelat.* cavercinus *MZ.* 1, 793, *ausländischer, besonders italienischer Kaufmann, Wechsler.*
kell *ist uns der Keil zum Spalten, und auch ein dickes Stück Brot. So steht auch das lat.* cuneus *in folgender Stelle:* cuneum et panem juxta modum corum tribuentes. 1196 G. 1, 481.
kelpennighe *s.* **pfenninc.**
kemerlinge homines. 1315 L. 3, 150. *Kämmerling, mhd.* kemerlinc *MZ.* 1, 783.
kenlig, *mhd.* kennelich, *bekannt, s.* **sculde, verleys.**
kere. servitus v. kere. 1248 G. 2, 235. *Unbefugte Rückkehr des Verbannten. Z.* 1, 140. *II.* 1084: restitutio damni, reparatio.
kerze. cerei, qui gewundene kerzen nuncupantur. 1297 F. 316.
chunf, kumph. mensura chunf. 1194 II. 1, 329. instrumentum, quod v. kumph vocatur. 1303 A. 2, 635. *Kumpf.*
kirclose. cathedralicum v. kirclose. 1170. H. 1, 260. a girlose libera maneat. 1130. H. 1, 90. *Wallraf sagt „in älteren Zeiten ein Zins, welcher alle Scholtjahr von den Geistlichen ihrem Bischof gegeben werden musste."*

junger. (*ahd.* jungiro *Graff* 1, 603. *mhd.* junger *MZ.* 1, 776.)
houeiunger. servi, qui v. appellantur houeiungere. 1222 J. 1, 162.
losiunger. mansionarii vel ii, qui losiungere vocantur. 1218 P. 135. *RA.* 313 *von* 1283: losjungere seu enlouke lode. *s.* einloftig.

K. C.

klaritzzenholtz *s.* **holz.**
clûde. pondus, quod clûde v. nominatur. 1291 L. 2, 749.
kluft. 1341 II. 2, 349. *Feuerkluft.*
cogken (*ahd.* kocho *Graff* 4, 361. *mhd.* kocke *MZ.* 1, 857.) *Eine Art von breiten rundlichen Schiffen.* magnae naves, quae cogken appellantur. 1211 M. 3, 10.
coppel. (*mhd.* kuppel *MZ.* 1, 915.) *Bodenfläche, worauf zwei und mehr Personen gleiches Recht haben.* jus coppele. 1303 L. 3, 27. *s.* viltban.
copplegrase, cupelweyde *s. d.* 2. *W.*
kor, koer, kur, kuir, cor. (*ahd.* churi *Graff* 4, 519. *mhd.* kûr *MZ.* 1, 828. *II.* 1117.) *Kür, Wahl.* statuta, quae v. eininge et kure nuncupantur. 1259 L. 2, 470. etiam statuta seu poenae, quae korin appellantur, requirere possunt. 1279 L. 2, 738. plebiscita, quae v. kniren appellantur. 1210 L. 2. 883. statutum cor. 1317 L. 3. 162. — solidos colonienses nomine koere persolvant. 1243 L. 2, 281.
burkor, buerkoer. (*II.* 193: statuta burgensium de operis ac praestationibus.) wilkoer sive buerkoer. 1233 L. 2, 191. minuta statuta civilia, quae v. dicuntur burkore. 1291 N. 5, 57.
wilkoer *s.* **burkor.**
cordewender, sutores. 1247 II. 1, 588. *Schuhmacher, mhd.* kurdiwaener *MZ.* 1, 915 *von* kurdiwân == *Korduan, eigentlich Leder von Kordova.*
korduanhut *s.* **hut.**
cormede, curmede *etc.* (*mhd.* kurmiete *MZ.* 2, 168. *II.* 1122. *RA.* 318, 364.), *Kurmiethe, Abgabe des Bextehaupts nach dem Tode eines Hörigen, so genannt, weil der Herr das Recht der Auswahl (kûr) hat.* pro iure, quod v. dicitur kurmedhe. 1231 P. 295. sciendum est, quod omnes homines

et mansionarii et capitales, quando moriuntur, quod curmede solvant. 1222 J. 1, 178. curmede, cormode. 1249. 1336. 1358. II. 2, 949. 1069. 1144. — *Bei L. kommt das Wort in folgenden Stellen vor;* 1. *Band:* 1051 corimede 186. 1153 pro kurmedo 378. 1270 cúrmeide 437. 1178 bona taxata in corimediis 466. 1197 debitum, quod kurmeidhe dicitur 556; *im* 2.*Band:* 1217 ius ac debitum, quod ex morte hominum provenit, quod v. kurmeide vocatur 70. 1220 cum illa persona ex hac vita migraverit vel a claustro recesserit et infra annum non fuerit reversa, noster conventus duas amas vini pro kurmede et vorhure praeposito eorum ecclesiae dabit 91. 1260 iura corimede leingoet 494. 1235 cum cormediis 201. — 1231. 1235. 1236. 1237. 1241. 1246. 1253. 1262. 1266. 1269. 1274 curmeda 179. 204. 208. 223, 258. 308. 395. 524. 569. 592. 661. 1253 curmeide 397. 1269 curmide 597. 1285 corimede 802. 1289 curmiede 874.

korn, corn. *(ahd.* chorn, korn *Graff* 4, 494. *mhd.* korn *MZ.* 1, 862.)
betkorn, bedekorn, bedecorn. *(mhd.* bêtekorn *MZ.* 1, 802) *Wird als Bete (Abgabe) geliefert.* betkorn. 1209 R. 17, 2. bedecorn. 1276 G. 2, 426. jus frumentum bedekorn. 1325 A. 2, 927.
haspelcorn anona. 1236 L. 2, 211.
holzkorn. avena, qui dicitur holzkorn. 1201 L. 1, 2. holzoncorn. 1224 L. 2, 121.
huntkorn. frumentum, quod dicitur huntkorn. 1211 R. 10, 60.
markorn. siligo. 1271 II. 4, 913.
ovetkorn. legumina, quae dicuntur ovetkorn. 1242 P. 400.
somerkoren onona. 1292 L. 2, 922.
coruada *s.* **achgerphig.**
kotseten, koyter. *(mhd.* kotsaeje, koter *MZ.* 1, 866. *II* 1126. *RA.* 318. *Z.* 1, 172.) *Sie hatten keinen vollen mansus. keine hube Bauland, sondern sind auf Wohnhütte* (kot), *Gärtchen und Weideplatz beschränkt.* curiae, quae v. kotseten dicuntur. 1335 R. 10, 462. eyn koytere. 1341 L. 3, 361.
koufmansmarc. marca mercatorum, quae v. koufmansmarc dicitur. 1259 L. 2, 469. marc *ist* ⅛ *Pfund.*
kouf *in* **meynkouf.** 1238 L. 2, 452. *Be-*

trügerischer kauf. mhd. meinkouf *MZ.* 1, 867. *H.* 1336.
couweda. communitas, quae couweda dicitur. 1140 L. 1, 341. *Wahrscheinlich Ableitung ahd.* gouwi, *mhd.* göuwe = *Gau.*
koytere *s.* **kotseten.**
kram. pannus, qui v. dicitur kram. 1280 II. 2, 217.
krameria, kramerei. *(mhd.* kraemerie *MZ.* 1, 873.) mercaturas, quae krameria dicuntur. 1299 R 15, 47. klaine kramerei. 1338 L. 3, 326.
kramboden *s.* **bude.**
crinzin. annonae per wannum *(s. d.)* excussae, quae dicitur crinzin. 1250 L. 2, 366. *Sm.* 2, 39. *hat der und* die kreinzen = *Wagenflechte, Wagenkorb, der sich mit der* Wanne *vergleichen lässt.*
crisam. In Trierschem Crisam gelegen. des Trierisch Kresems. 1438. 1495 H. 4, 243. 514. *(In deutsch. Urk.) Bisthum, Diöcöse, von dem durch den Bischof geweiheten und dann in die einzelnen Pfarreien geschickten Chrysam (Oel) so genannt.*
croada. 973. 1030 J. 1, 299. 353. croade. 973. 1030 G. 1, 79. 80. 112. 113. *s.* **athtas.**
cropelwade *s.* **waden.**
croppin. tria pellicia agnina, quae croppin nominantur. 1321 L. 3, 185.
crulle, crines torti. 1290 H. 1, 909. ne clerici nutriant ammodo concos crines, qui v. crulle dicuntur. 1277 A. 2, 304. *Krolle, Lockenhaar, mhd.* krülle *MZ.* 1, 889.
cruzegelt *s.* **gelt.**
kuchenspise. 1300 D 849. *Küchenspeise, mhd.* küchenspise.
kuffeln. mensurae nucum, quae v. kuffeln nuncupantur. 1310 A. 2, 710.
kumel. cum lignis dictis kumel 1372 R. 19, 254.
kumph *s.* **chunf.**
cunde *s.* **athtas.**
kunikegesholzt, kuningishuve *s.* *d.* 2. *W.*
cupelweyde *s.* **weide.**
cuppelle *s.* **wiltban, coppel.**
custengia. porcos in eorum domibus et custongia seu custu per hyemem enutritos. 1298 L. 2, 985. *Verköstigung.*
kyrchgeld *s.* **gelt.**
cysio *s.* **assisie.**

L.

lachen. (*ahd.* laban, lahban, lachan, lachin, lachen. *Graff* 2. 156. *mhd.* lachen *MZ.* 1, 923) *Laken.*

bancklachin coopertoria scampnorum. 1341 H. 2, 349. *ahd.* panchlabhan, panclachan, panchlachin *Graff* 2, 158. *mhd.* banclachen *MZ.* 1, 923.

reidelachen. (*mhd.* reitlachen *so viel als* reiselachen *MZ.* 1, 924.) unum cussinum rubeum sindatum, qui reidelachen dicitur. 1315 A. 2, 759.

lage. (*ahd.* låga *Graff* 2, 94. *mhd.* låge *MZ.* 1, 994) *Lage.*

niederlage, nedderlage. (*mhd.* niderlåge *MZ.* 1, 994. H. 1417.) *Niederlage (von Waren).* depositio mercium, quae v. niederlage appellatur. 1257 R. 18, 370. municipalia jura, quae nedderlage nominantur. 1298 R. 12, 1.

wegelage, *Wegelagerung, ein starkes Verbrechen. RA.* 633. insidiae, quae v wegelage dicuntur. 1276 L. 2. 696.

lang in: quatuor jugera wegelange. 1299 A. 2, 582. dritdeil wegelange. 1307 A. 2, 679. *s. Orten.*

langglocke. sonus ultimae campanae, quae v. langglocke dicitur. 1325 H. 3, 229.

lant, land. (*ahd. mhd.* lant *Graff* 2, 232. *MZ.* 1, 935.) *Land.*

hurlant. prediolum, quod dicitur hurlant 1219 P. 142. *Für* horlant = *Kothland?*

rotelant, terra novalis. 1238 L. 2, 234.

sellant, selant. (*mhd.* sallant *MZ.* 1, 936. *H.* 1582. *RA.* 493.) *Zinsfreies herrschaftliches, nicht als Lehn abgegebenes Land, sonst* salica terra (*s. d.*). de sellande. 1054 L. 1, 189. bona ecclesiae, qnae v. lingua sellant nuncupantur. 1149 L. 1, 367. selant. 1221 L. 2, 97.

lantding, lantthing, landschepen, lantschrei, lantsideienrecht, lantwere *s. d.* 2. *W.*

last cupri, stagni, plumbi, pellium. 1284 R. 14, 4. *Ein Gewicht. MZ.* 1, 927.

lazgut, lazeshuova *s. d.* 2. *W.*

ledigerbe, ledegehus, ledigman, ledichman *s. d.* 2. *W.*

ledekelt, ledechelt. 1167. 1188 G. 1, 385. 455. jus feodi lethicheit, ledigkheit. 1233. 1237 H. 1, 519. 543. *Oeffnung einer Burg.*

legemidge. 1416 G. 4, 181. *Erlaubniss zum Aufenthalt in einem Lande.*

lehen, len, lein, leyn, lien. (*ahd.* léhan *Graff* 2, 123. *mhd.* léhen *MZ.* 1, 996. H. 1223. *Z. an vielen O.*) *Lehen.* feoda, quae aliis in locis v. appellantur leyn, quae videlicet leyn habent singulas areas. 1222 J. 1, 154. leyn. 1255 G. 2, 278.

bodenlen beneficium. 1160 L. 1, 402.

burglehn. (*mhd.* burclèhen *MZ.* 1, 996.) feodum castrense burglehn. 1202 G. 2, 71. jus castrensis peculii burclen. 1237 H. 1, 545.

godeslehen. homines godeslehen. 1300 H. 1, 923. *II.* 743: homines proprii.

hantllen. beneficium, quod v. hantlien dicitur. 1259 L. 2, 469. *II.* 809: beneficia minora.

manlehen. (*mhd.* manléhen *MZ.* 1, 996. *H.* 1308.) *Mannslehen.* feodum manlein. 1264 L. 2, 544. feoda v. dicta manlehen. 1284 U. 2, 284. jus manlehen, mannlen. 1305. 1312 H. 3, 27. 82.

provendelehn. 879 h. 8. *Praebendenlehen der Kanoniker.*

vollehen. 1130 C. 142. *mhd.* vollèhen *MZ.* 1, 996.

leingoet, leyngut, leinman, leengut, lenwerc *s. d.* 2. *W.*

leimgruben. glebarum fovea, quae v. leimgruben nuncupatur. 1272 R. 20, 340.

lësen in: forlase, vurleysin. vinum — pro jure, quod v. forlase dicitur, persolvant. 1291 A. 2, 1, 74. vurleysin. 1297 G. 2, 517. *Vorlas, vor der allgemeinen Weinlese ausgelesene Trauben.*

leudis *s.* **liute.**

leverve *s.* **erbe.**

leyken. piscium germina, quod leyken volumus intelligi 1361 R. 12, 39. *Fischlaich.*

libgeding, lipgedinge *s.* **dinc, gedinge.**

lide. (*ahd.* hlid *Graff* 4, 1115. *mhd.* lit *MZ.*

I, 1012). *Deckel*, *Decke*. in tribus thuguriis seu fenestris, quae dicuntur lide. 1280 F. 201.

liebnusse. muneribus vel promissionibus, quod liebnusse dicitur. 1284 R. 214.

limpat, linpat, ripa. 1180. L. 1, 474. 475. *Leinpfad, wo die das Schiff an der Leine ziehenden Pferde gehen.*

lifzucht, liftucht etc. (mhd. lipzuht MZ. 3, 940. H. 1250.) *Leibzucht, Lebensunterhalt.* sustentatio victualium, quae v. dicitur lifzuth. 1183 L. 1, 487. Sophie non eo iure, quod v. lyftucht dicitur, sed in feodo perpetuo contulimus possidenda. 1227. 1239 P. 248. 359. usufructus, qui in v. dicitur lyftucht. 1243 P. 412. lifzucht. 1246 G. 2, 208. 209. lifzut. 1247 L. 2, 312. liftuch. 1248 L. 2, 342. liftucht. 1260 L. 2, 497.

liute, lude, lithones, leudis. (ahd. liud, leut, loud Graff 2, 193. mhd. liut MZ. 1, 1037.) *Leute.* lithones curtis. 1260 L. 2, 494. leudis, praescriptum leudem. 855 J. 1, 93.

houvetlude. homines, qui houetlude appellantur. 1222 J. 1, 178. mhd. boubetliute MZ 1, 1038. Gw. 2, 645 rom 1395: under den zinsluden of heuftluden.

stapellude. 1317 L. 3, 157. H. 1732 ohne *Erklärung*.

voytlude. 1293 T. 2, 229. *Vogtleute, Hörige eines Vogtes*, mhd. vogetliute MZ. 1, 1039. II. 1978.

vrilude. 1314 L. 3, 132. *Freimänner, Freileute erscheinen H.* 509 *und Sm.* 1, 608 *als Scharfrichter*.

werlude. (mhd. werliute. Zn. 633.) *Gewährsleute.* homines, qui v. dicuntur werlude. 1028. 1051. 1303 L. 1, 164. 184. 185. 3, 29.

einlucke lude (*einlütze Leute*) *s.* **einloftig.**

loher, cerdones. 1247 H. 1, 598. *Lohgerber*.

loich. aleum, quod loich dicitur. 1260 L. 2, 294. *Lauch*, ahd. louch, loch Graff 2, 142. mhd. louch MZ. 1, 1044.

lose. redemptio, quae v. dicitur lose. 1223 P. 189. *Lösung*.

loslunger *s.* **junger.**

lotpenninge *s.* **pfenninc.**

louete. dauretuae sunt cortices, qui excoriantur de arboribus, quas v. appellamus louete. daurastuuas louete. 1222 J. 1, 155. 157. *Df.* 215: excoriare == aussleyffeln aussleufeln, aussleyffien, *d. i. aushülsen ahd.* die loufl, löfl == *Baumrinde*.

lynmetz, mensura avenae. 136. H. 3, 853.

M.

maghe. 1311 G. 3, 137. *Seitenverwandter*, ahd. mâg Graff 2, 629. mhd. mâc MZ. 2, 11.

malpenning *s.* **pfenninc.**

mallobergus. 988. 989 J. 1, 316. G. 1. 86. *Das Wort steht da, wo von Gerichten für wirkliche Rechtsstreite die Rede ist, also von kleinen Volksversammlungen.* RA. 801. Sm. 2, 561.

malman, malpenning, malepenig *s. d.* 2. *W.*

malt, maldra, malder etc. (ahd. malter Graff 2, 727. mhd. malder, malter MZ. 2, 29. RA. 767.) *Malter, dessen Grösse aber verschieden war.* octo malt avenae. sex maltis. 1246. 1247 P. 439. 476. malder, maldra. malter, maltra C. 139. 153. 3665 3810 u. ö.

malz. (mhd. malz MZ. 2, 29.) *Malz.* bracii mensurae, quarum quaeque ab incolis vocatur malz. 1201 L. 2, 1.

man, ahd. mhd. man Graff 2, 732 MZ. 2, 30.

amptman (ahd. ampabt-, ambht-, ambethman Graff 2, 739. mhd. ambetman MZ. 2, 34.) officiatus, qui amptman v. appellatur. 1259 L. 2, 470.

burgman. (mhd. burcman MZ. 1, 36.) *Auf der Burg wohnender Vasall des Burgherrn.* castrenses v. dicti ledig burgmanne. 1327. S. 1, 531.

dencman. dencmanni, memores rerum gestarum. 1252 H. 2, 950. interfuerunt hii dengmanni et testes. 1286 L. 817. "*Ein bei Ausstellung von Urkunden zugezogener Mann, um das Geschehene in Erinnerung zu behalten.*" Grimm, d. Wörterb. 2, 942.

dicnstman. 1120 H. 1, 393. mhd. dienestman MZ. 2, 36. H 2197.

koufmans marc. 1259 L. 2, 469.

ledichman, ledigman. 1227. 1239 H.

1, 550. 927. *Nicht leibeigner Mann.* H 1220. Z. 2, 146. 147.

leinman. 1321 L. 3, 182. *Lehensmann, ahd.* lênman *Graff* 2, 740. *mhd.* lêbenman *MZ.* 2, 44. Z. 1, 127.

malman. *(mhd.* mâlman *MZ.* 2, 44. *RA.* 768.) *Der zur Gerichtsversammlung gehörende Freie.* homines, qui saxonice malman dicuntur. 881 P. 30.

meisterman, magister fori. 1275 A. 1, 144.

muntman. 1258 L. 2, 452. *(ahd. mhd.* muntman *Graff* 2, 741. *MZ.* 2, 45.) *Schutzverwandter, Klient, Schützling Vgl. H.* 1375. *RA.* 311. *Sm.* 2, 597. Z. 2, 144. 277. 314. 315.

salman. 1252 H. 2, 98. *(ahd.* salman *Graff* 2, 746. *mhd.* saleman *MZ.* 2, 45. *H.* 1584 *RA.* 555. Z. 2, 290. 294.) *Mittelsperson bei Uebergaben.*

scaremanni. ministri vel scaremanni. 1056. 1112 J. 1, 401. 484 *u. ö. ahd.* scaraman *Graff* 2, 747. *mhd.* scharman *MZ.* 1, 46 *H.* 1601. *s.* **scararios.**

verzaltman. 1298 G. 2, 521. Günther sagt: „*durch eine Zahl Zeugen überwiesener Mann.*" *mhd.* verzeln, verzeelen einen = über einen ein gerichtliches Urtheil, besonders das der Acht oder des Bannes aussprechen. *MZ.* 3, 847. *H.* 1916. *RA.* 225. 881. *Sm.* 4, 250.

vogethman. *(mhd.* vogetman *MZ.* 2, 47. *H.* 1978.) *Gewöhnlich Eigen- oder Zinsmann einer Vogtei, im Gegensatz gegen andere Unterthanen der Vogtei so genannt.* justitiarius, quod dicitur vogethman, 1255 N. 2, 310.

wareman. nos super bonis istis et heredes nostri warandarii erimus, quod v. waremanne vocatur. 1254 N. 2, 302.

manburni *s.* **muntbor.**

manedach, mandach, gesuorin, gesvoren, gesuuorren. 1224. 1274. 1275 G. 2, 150. H 2, 403. 959 *Sehr viele Weisthümer bezeichnen den Montag für das ungebotene Gericht. RA.* 820.

manaida. de manaida pascuis. 893 J. 1, 165.

manwere, mangelta, manlehen, manzal, manesmat *s. d. 2. W.*

markorn *s.* **korn.**

marke. *(ahd.* marcha *Graff* 2, 846. *mhd.* marke, marc *MZ.* 2, 64. *H.* 1316. *RA.* 496.

Z. 2, 344.) *Marke, Gränze, Märkerrecht.* ius, quod v. marke dicitur. 1225 E. 139. quae v. appellantur marke. 1234 P. 321. termini marke. 1289 A. 2, 450.

holzmarke. *(ahd.* holzmarcha *Graff* 2, 848. *mhd.* bolzmarke *MZ.* 2, 65. *H.* 954. *Sm.* 2, 615.) *Gemeindewald.* marchin silvatica, quam theutonici holtmarke appellant. 1147 O. 266. incisio lignorum, quam holzmarchen vocant. 1163 G. 1, 379. J. 1, 700. forestiforia, quae v. holzmarchen nominat. 1168 L. 1, 430. silva holzmarke. 1201 L. 2, 1. jura holzmarche. 1255 A. 1, 108.

waltmarca. 840 C. 32. *H.* 2020.

marekschedis, markstein, margzal *s. d. 2. W.*

zugemerke. jugerum duale zugemerke. 1268 A. 2, 229. *Gemarkung, angränzendes Land ist mhd.* gemerke *MZ.* 2, 65. *ahd.* gimerche, kimerchi *Graff* 2, 849. *Sm.* 2, 614.

merkere. 1220 G. 2, 142. *Bewohner der Mark und Theilhaber an derselben, mhd.* merkaere *MZ.* 2, 65. *H.* 1319.

merkerding, merchirding, merkeremeister *s. d. 2. W.*

market *in* **yarmarket.** 1317 L. 3, 162. *mhd.* jarmarket *MZ.* 2, 81. *ahd.* iarmarchit, iarmarchet, iarmarket *Graff* 2, 852.

maregerecht, marketrecht, marcschif *s. d. 2. W.*

maserinsholtzes *s.* **holz.**

mat *in* **manesmat** *etc. d. i. so viel ein — Mann in einem Tage mähen kann. Vgl.* **manwere.** manesmat. 1277 A. 1, 84. pratum, quod continet quatuor iugera, quae dicuntur vier mansmeyt. 1262 F. 207. XII monnesgemat pratorum. 1303 F. 318. mannesmait, mannesgemait, mannesgemayt. 1305 B. 337. ad X gemad id est quantum X viri una die habent secare et metere sufficienter. 1208 E. 63.

maz, mat *in* **wanmaz,** *falsches Maas.* quicunque deprehensus fuerit in eo delicto, quod wanmate dicitur. 1273 R. 14, 12. wanmatze. 1311 L. 3, 100.

medena 979 J. 1, 308 *u. ö.* medenam agrorum. 902 K. 18. est autem medena septima de agris, tributum vero census statutus de vineis. 1083 G. 1, 148. *Es ist eine Abgabe, ein Siebentel, von Feld und Wald, während* tributum *von Weinbergen*

gilt. *Graff* 2. 708 *vergleicht goth.* maitbme
== *Geschenk. s.* Diefenbach goth. Wörterb.
2, 15.
meihude *s.* **hute.**
meister, mester. (*ahd.* meistar, meister
Graff 2, 886. *mhd.* meister, méster *MZ.*
2, 113. 118.)
bomester. minister bomester et budel.
1222 J. 1, 148. *mhd.* bûmeister *MZ.* 2, 119
ist sonst Baumeister. Z. 1, 56. *nimmt den
Oberknecht auf einem Gut an, der* magister
servorum *hiesz.*
bolmmeister 1260 L. 2, 494.
burmester, magister structurae civium.
1323 N. 5, 11.
merkeremeister, magister silvae. 1283
B. 195. *H.* 1320: marcae et marcanorum
magister et praefectus.
wermelster. C. 3824. *so viel als* merkeremeister.
zinsmeister. deme zinsmeistere *s.* Albani 1303 A. 2, 634.
meisterman *s.* **man.**
mesa buckingorum. 1341 G. 3, 432. *Fässchen Bückinge.*
messanc. ius quod dicitur messanc 1254
L. 2, 400.
meterude *s.* **ruda.**
meynkouf *s.* **kouf.**
meyswerc *s.* **werc.**
mile *in* **banmile.** spatium miliaris, quod
banmile v. nuncupatur. 1288 F. 241. jurisdictio, quae banmile v. dicitur. 1237 L. 2,
215. *Banmeile, Weichbild als Gerichtsbezirk.*
milux, *Cölnisches Goldstück.* annuatim solventes aureum valentem XXX nummos coloniensis monetae, qui v. dicebatur minx.
1167 G. 1, 395.
mirgil. terra, quae dicitur mirgil. 1250
L. 2, 366 *Mergel, mhd.* mergel *MZ.* 2, 158
ahd. mergil *Graff* 2, 852.
moed, moet *s.* **muot.**
mistem. praeterea singulis dimidium ingerum in dictis bonis bene finiabit, quod
mistem v. nuncupatur. 1274 A. 2, 274.
morgen. (*mhd.* morgen *MZ.* 2, 219. *ahd.*
morgan *Graff* 2, 852) *Morgen, ursprünglich
wol soviel Land, als man mit einem Gespann
in einem Morgen pflügen konnte. Vgl.* manesmat, manwerc. duo morgani. 1083 G. 1,
149. iurnales, qui v. dicuntur morgen. 1180

L. 1, 476. de iugere, quod morgen sonat.
1246 P. 459. iugera, quae v. vocantur morgen. 1304 N. 3, 644. morginne. 1318 A.
2, 815
wysmorgen. agri, qui v. wysmorgen
dicuntur. 1349 N. 3, 916
morgengave. quando thorum eius introierit, quod in v. appellatur morgengave.
1238 P. 351. *Morgengabe, erhielt die neu
verheirathete Frau am Morgen nach dem
Beilager. Vgl. H.* 1315. *RA.* 441. *MZ.* 1, 509.
morgensprake *s.* **sprache.**
müllnwaszer *s.* **wazer.**
multra. debita portio, quae multra vocatur. 1158 L. 1, 396. *Molter, Mahllohn,
mhd.* multer. *MZ.* 2, 232 *Sm.* 2, 573.
mumpar *s.* **muntbor.**
munt, *ahd. mhd.* munt *Graff* 2, 813 *MZ.*
2, 238. *Schutz.*
balmunt. (*ahd. mhd.* balmunt *Graff* 2, 813
MZ. 2, 236. *RA.* 466.) *Ungetreuer Vormund.*
habeant, quamdiu vivant sine alienatione,
quae dicitur balmunt. 1209 L. 2, 29.
voremunde. (*ahd.* foramundo *Graff* 2.
814. *mhd.* vormunt, vormunde *MZ.* 2, 237.
H. 1993.) qui est, ut in v. dicitur, voremunde claustri. 1267 N. 5. 36.
mundeburde *etc.* (*ahd. der* muntboro,
muntporo, muntborto *Graff* 3, 157. 159.
mhd. muntbor, muntbort, muntburt *MZ.* 1.
152. *ahd. die* mundiburd *Graff* 3, 163. *mhd.*
muntburt *MZ.* 1, 152. *H.* 1373. *Sm.* 2, 597.
RA. 311. 465. *Z.* 1, 201. 216, 217. 220. 2.
141. 275.) *Vorsteher, Vormund, Vormundschaft, Schutz.* in mundeburden vel defensione. 772 C. 4. mundaburdem aut patrocinium eligant 882 L. 1, 73. sub mundaburde. 907 l. 1, 94. mundiburdus. 1144
1190 E. 8. 47. mundiburdi. 1147 N. 2, 10.
mundiburdus. 1218 H. 2, 35. tutores seu
manburni. 1289 L. 2, 808. mumpar, mumbarschaf. 1339 H 2, 1075.
müntman *s.* **man.**
mundilingos. (*ahd.* mundiling *Graff* 2.
815. *mhd.* mundelinc *MZ.* 2. 237. *RA.* 311.)
Nicht unser Mündel, *das so frühe nicht vorkommt, sondern* Vormund, Schützer. homines,
tam ingenuos quam servos et mundilingos.
1003. 1061 S. 1, 20. 50 *u. ö.*

muot, *semniederl.* moed.
fryhemoet. *d. i. aus freiem Muth. s.* **erlos.**
hastemoed. *mit hastigem Gemüth.* quicunque fecerit homicidium per impetum animi- sui haste moed, vadiabit sculteto duas libras denariorum et satisfaciet propinquis pro anima occasi. 1239 T. 2, 139. *RA.* 4.
mûtschar *s.* **schar.**

N.

nachtlicht. 1329 R. 14, 72. *schon ahd.* nahtlicht *Graff* 2, 148.
nahtheide. 1285 K. 165. *Verpflichtung zu Nachtwachen.*
natselde. (*mhd.* nahtselde. *MZ.* 2ᵇ, 28. *H.* 1400. Z. 1. 143.) *Für die Nacht, was herberge für den Tag.* natselde. 1197 G. 1, 486 hostilicium v. appellatum natselde, natselide 1222 J. 1, 145. 154. 184. *s. noch* **viltban.**
naph. 1330 fl. 2. 344. *Napf, ahd.* hnapf *Graff* 4, 430. *mhd.* napf *MZ.* 2. 314
natule. 1210 G. 2, 101. *Nadelholzbüschel, Streusel.*
nebelunge. cerae in nebelunge consumentur. 1367 H. 3, 477. *Nebelung, Dunkel.*
nedderlage *s.* **lage.**
neste. sive hamo, seu neste, quod v. riusam vocant, pisces capi possunt. 994 F. 12. *Netz, mhd.* netze *MZ.* 2. 330 *ahd.* nezzi *Graff* 2, 1116.
nesten d. i. naehesten *s.* **gedelinge.**

newe. navis, quae v. dicitur newe. 1241 A. 2, 87. *Naue* (Schillers Tell 1, 1). *mhd.* nâwe *MZ.* 2, 319. *ahd.* nawa *Graff* 2, 1109.
niderval. ius, quod v. nidirual dicitur. niderual. upfal et niderual. upval et niderval. nyderval et ûpkûnninge. upval et niderval. 1252. 1258. 1269. 1275. 1298. 1300 L. 2, 397. 458. 597. 670. 1016. 1052.
niderwert 1305 A. 2, 650 *Niederwärts*, *mhd.* niderwêrtes *MZ.* 3, 598.
nidewendic. 1320 A. 2, 839. *Niederwärts, unterhalb, mhd.* nidewendec *MZ.* 3, 695.
niederlage *s.* **lage.**
notbete, nodbede *s.* **bete.**
notmunde. 1233 L. 2, 190. **notzogh.** 1288 L. 2, 846. *Beide Ausdrücke bezeichnen Nothzucht, ein schweres Verbrechen.* H. 1427. *RA.* 633. *Sm.* 2, 694. 698. 720. Z. 1, 67. 2, 219. 472. 3, 232. *mhd.* stëht nôtnumft, nôtzoge; notmunde *ist mir sonsther nicht bekannt.*
nuwerothe *s.* **rode.**

O.

obewendec des weges. 1307 A. 2, 679. obewendic des haugis. 1320 B. 513. *mhd.* obwendic *MZ.* 3, 695 *ist Adv., älternhd. Praep. mit Gen. und Dat. s. meine Gram. des* 15—17. *Jahrh.* 3, § 284.
ochmunt. decima, quae vocatur ochmunt. 1257 N. 5, 20.
ocinas. 1257 N. 5, 20. *s.* **burdura.**
eckelpennige *s.* **pfennine.**
offenhus, offenwunde *s. d.* 2. *W.*
offergarue *s.* **garbe.**
offholen, ofholen *s.* **holen.**
orkemscherf. decima animalium cum obolis, qui v. appellantur orkemscherf. 1189 L. 1, 518.
orkunde. (*ahd.* urchundi *Graff* 4, 427 *mhd.* urkunde, urkûnde *MZ.* 1, 814. *H.* 2005.) *Urkunde, dasjenige, wodurch die Wahrheit einer Sache kundgethan wird.* approbatio, quae v. dicitur orkunde. 1318 A. 2, 814. jura, quae bodewine (*s. d.*) seu orkunde v. nuncupantur. 1325 A. 2, 926.
orvede, orvelde *s.* **urvehede.**
ouele. oblationes, quas ouele appellamus. 1222 J. 1, 174. *ahd.* ablâta, ouelâta *Graff* 1, 102. *mhd.* oblâte *MZ.* 2, 429. *neuniederl.* ouwel.
ovenhus *s.* **hus.**
overslach. 1288 M. 1, 84. *niederd.* overland, mansus superabundans, *Hufe über eine Zahl der steuerpflichtigen.*
ovetkorn *s.* **korn.**

P.

paithrogge. siliginis mediocris, quae v. paithrogge dicitur. 1231 L. 2, 179.

palafredus *s.* **phaerit.**

palburger, paleburger, cives non residentes. 1254. 1297 F. 106. 107. 305. pfalburger. 1312 D. 861. *Auszerhalb der Stadtmauer wohnender Bürger.* H. 1463. Z. 2, 398. MZ. 1, 166.

palmwoche, nundinae. 1333 D. 869. *schon mhd.* palmwoche MZ. 3, 797.

pand, pant, panth. (*ahd.* phant, pfant *Graff* 3, 341. *mhd.* phant MZ. 2, 477. H. 1467. RA. 618. Z. 2, 39 u. ö.) pignora pando. 1237 L. 2, 225.

underpanth. 1258 A. 2, 157. underpande. 1260 H. 2, 137. vnderpant. 1315 H. 3, 96. H. 1957.

panatel unum. 1125. 1224 N. 1, 1. 10. *Doch nicht mhd* pfanzelte MZ. 2, 482. *mittellat* pancellus *eine Art Pfannkuchen?*

parafredus *s.* **phaerit.**

patelle, *das lat.* patella? *s.* **burdura.**

peckhöfen. fornacula peckhöfen nominata. 1299 R. 13, 131.

peines kint. beginae, quae nominantur des peines kint. 1301 A. 2, 604.

pele, stipites. 1297 G. 2, 517. *Pfähle in den Weinbergen, mhd.* phaele MZ. 2, 476.

pelilnce *s.* **wiltban.**

perret *s.* **phaerit.**

pfenninc. (*ahd.* phantinc, pfentinc, phending, phendincb, plenninc, phenning, pfennig, phennich, pendig, phendic *Graff* 3, 343. *mhd.* phenninc, phennic MZ. 2, 491) *Pfennig, aus* pfant *abgeleitet. Ueber die verschiedenen Arten s. Sm.* 1, 311 f.

amfenninc. *Ohmpfennig.* vini denarium, qui theutonice locucione amfenninc dicitur. 946 S. 1, 13.

bannpennick. 983 H. 1, 13. banphenning. 1182 S. 1, 80. 107. *Die Abgabe der Wirte, Brauer, Bäcker, Metzger etc. an den Richter.* H. 96. MZ. 2, 492.

birpenning. 1271 L. 2, 607.

bruckepenninke, census pontis. 1283 M. 1, 78.

dickpennege. 1313 A. 2, 742 *Der Dick-*

pfennig galt 20 *Kreuzer. Sm.* 1, 314 *Grimm,* d. Wörterb. 2, 1083.

dienstpenninge. 1285 K. 165.

fautpennege. 1295 A. 2, 528. *Vogtpfennige.* H. 1978. *s.* **vogetpennige.**

flichtifenninc. 946 S. 1, 13.

furpennech, levior moneta. init. saec. 13 K. 125.

keipenninghe, denarii brandenburgenses, qui v. velpenninghe dicuntur. 1352 R. 19, 24.

lotpenninge. 1294. 1304 N. 2, 556. 3, 647. H. 1284 *hat* lotschilling = solidus argenti puri.

malpenning, malepenigge. 1264. 1265 L. 2, 550. 554. mailpenning. 1271 L. 2, 607. *Eine jährliche Abgabe an das Gericht. Sm.* 2, 562.

ockelpennige. 1314 R. 14, 52.

salzfenninc, salis denarium. 946 S. 1, 13.

schotzphenning. 1111. 1182 S. 1, 80. 107.

stedepenninghe. 1298 R. 12, 1.

steinfenninc. piscis denarium, qui aliter dicitur steinfenninc. 946 S. 1, 13.

vogetpennige. 1211 R. 10, 80. *s.* **fautpennege.**

vortpenning. 1271 H. 4, 913. *vgl.* **vortschilling.**

vronepenninege. 1275 L. 2, 689.

weddepennige, weddepenninge, denarius in judicio. 1211 R. 10, 80. 81. wittpenninghe 1260. L. 2, 494.

winpenninge. 1240 L. 2, 248. H. 2060: idem quod weinkouf, *Abgabe rom Wein.*

vispenninge. 1272 H. 2, 182. *Weiszpfennig.*

phaerit. (*mhd.* phaerit, *mittellat.* paraveredus, parefridus, MZ. 2, 482.) palafredus. 1090 S. 1, 67. 1324 G. 3, 217. parafredus. 775. 893 J. 1, 34. 150. 160 u. ö. berperret. 1222 J. 1, 150.

pheide. (*mhd.* pheit MZ. 2, 487.) *Hemdähnliches Kleidungsstück.* cellerarius noster providebit annuatim duodecim pauperibus cristi in XII tunicis, de quibus sex erunt habentes quinque ulnas, sed reliquae quatuor ulnas de panno, qui v. dicitur pheide 1212 E. 77.

pitteren, picturas modo appellamus pitteren, qui aliis locis appellantur manel. 1222 J. 1, 154. *Daselbst auch die Feldnamen bredepitere, langepitere.*

plötzen, pisces. 1361 R. 12, 39 *mhd* ploz MZ. 2, 523. *Df.* 144.

profen. vineam plantare, quod nos appellamus profen. 1222 J 1, 180. *Pfropfen wird heute nicht mehr vom Setzen der Weinreben gesagt.*

prefferwln *s.* **win.**
provende lehn *s.* **lehen.**
prüvere. (*mhd.* prüevaere MZ. 2, 540.) magistri monetae, et is qui prüvere dicitur. 1258 L. 2, 464.
pullen *s.* **dile.**
puverde, piscari cum minimis retibus, quae puverde et vloch dicuntur. 1317 R. 10, 232.

R.

rachede. linea, quae v. rachede dicitur. 1324 A. 2, 911. *Nicht wol Ableitung von rēch, rich = Rech, Rain.*

rade, radhe *etc.* râde, geräde = rāt *kommt besonders in sächsischthüringischen Urkunden vor. Man unterscheidet eine doppelte: die, welche nach des Mannes Tod die Wittwe aus der Verlassenschaft erbt oder für sich behält und die, welche nach der Frauen Tod von der Tochter und den weitern Spillmagen geerbt wird.* RA 567 *f.* 576 *f. Dazu gehören, wie es bei R. heisst:* vrowen gesmide, dat se plegen to tragen, wiflich gebende, Vmmehanges Lakene, alle Kledere, die to der Vrowen live gesneden sint, half die Bedde, half die Küssene, half die Staplackene, half die Dischlakene. — illa bona, quae dicuntur rathe, poterit dare mulier, cui vult. 1221 P. 173. gerade. 1227 P. 232. jus, quod dicitur rathe. 1244 N. 5, 13. jura de bonis, quae radhe dicuntur. 1297 R. 15, 45. si filiae sunt in aedibus, optinent id, quod herewede (*s. d.*), similiter filii optinent rade mortuis parentibus seu defunctis. 1273 R. 14, 12 (*Diese Stelle passt nicht zu dem vorangestellten Begriff.*)

rama, rame. (*ahd.* rama *Graff* 2, 505. *mhd.* ram MZ. 2, 551.) *Rahmen.* rama, in qua panni extenduntur. 1291 H. 1, 849. firma, quae rame nuncupatur. 1297 G. 2, 516. (*Hecke, Umzäunung?*) textoria instrumenta, quae v. dicuntur ramen. 1303 A. 2, 623. tensorium, quod v. rame dicitur. 1305 A. 2, 635. ortis extentoriis dictis v. ramen. 1325 A. 2, 923.

recht. (*ahd. mhd.* reht *Graff* 2, 398. MZ 2, 618.) omnia, quae v. vocantur recht et vnrecht. 1208 R. 17, 2.

fogteret. (*mhd.* vogetreht. MZ. 3, 627. H. 1979.) *Vogtrecht, Einkommen aus dem Schutzrecht.* jusadvocatiae, quod fogteret dicitur. 1219 L. 2, 83.

geburrecht. ad reparationem ecclesiae sive putei vel alicujus rei, quae geburrecht dicitur. 1286 L. 2, 821.

houbetreht. (*mhd.* houbetreht.MZ. 2, 624. H. 832.) *Gleichbedeutend mit*

bestehoubit. jus houbetreht. 1254 H. 3, 678.

hoverecht. 1285 L. 2, 802. *Das Verhältnis zwischen Gutsherrn und Hofhörigen.* H. 938. RA. 561. MZ. 2, 624.

huberecht. (*mhd.* huoberecht. MZ. 2, 624.) 1195 K. 121. H. 960. Z. 1, 161. 243.

landsidelenrecht. 1267 H. 1, 169 *Abgabe, die der Ansiedler dem Grundherrn zahlen musste.*

marcgerecht, jus fori. 1312 T. 2, 272.

marketrecht, redditus, qui marketrecht dicuntur. 1306 F. 372. MZ. 2, 625. H. 1325.

wedemenrecht. 1326 H. 3, 244. MZ. 2, 628. H. 2098: jus dotalitii.

wibeletherecht, wibiletberech. 1245. 1246 P. 437. 459. jus, quod v. dicitur wicbilede, wicbilethe, wigbelethe. 1201. 1221. 1245 P. 3. 173. 441. H. 2053: jus patrimoniale ac proprietarium oppidi vel urbis in bonis et hoc nomine addictis. *Weichbildrecht, Z.* 3, 353. *Fischer,* Geschichte des deutschen Handels 1, 510.

rechtlos *s.* **erlos.**
reidelachen *s.* **lachen.**
rembele. perticas, virgas magnas, quas appellamus ierlen (*s. d.*) sive rembele. 1222 J. 1, 155.

reyfe, circuli. 893 J 1, 198
reysa, iter. 1282 H 1, 790.
richerzecheit, richerzegheide, rigerecegheyt, officiales, qui dicuntur de rich-

1258. 1259 L. 2, 432, 465, 469. *H.* 1535; judices jurisdictionem habentes et officiati, qui dicuntur magistri civium, qui ex consuetudine ab antiquo servata eligantur a fraternitate, quae richerzecheit vocatur. *Von mhd.* zêche == *Zunft, Genossenschaft. NZ.* 3, 859. *Sm.* 4, 219. *H.* 2144.

rinc *s.* **dinc.**

rindshut *s.* **hut.**

risegras *s.* **gras.**

riusa, sive hamo, seu neste (*s. d.*) quod riusam vocant, pisces capi possunt. 994 F. 12. *Reuse.*

rode, novum rus. 1151 H. 1, 200.

ruwerothe. 1285 H. 2, 242 *Neurod, ahd.* niuriute *Graff* 2, 489. *mhd.* niurlute, niuweriute *MZ.* 2, 748.

roderzehende *s.* **zehende.**

roteland *s.* **lant.**

rolla. de una rolla. 1338 L. 3, 326. *Vieh.*

ruda, rude. C. 3814. 3818. *Ruthe, Mass.*

meterude. virgae, quae meteruden volumus intelligi. 1361 R. 12, 39. *mhd.* mêzruote *Sm.* 3, 171. *neuniederl.* meetroede.

rudenzins *s.* **zins.**

rumingam et alia jura. 1269 L. 2, 590.

S.

sachaue. merces, quae sachaue v. appellantur. 1259 L. 2, 469.

sadele, duas sadelas. 1310. 1319 B. 351. 493. *Stück Feld, etwa* ¼ *Morgen.*

sala, sale. (*ahd.* sala *Graff* 6, 176. *mhd.* sale, sal. *MZ.* 2ᵇ, 33. *H* 1581. *RA.* 555. *Sm.* 3, 221. Z. 2, 352.) *Uebergabe eines Grundeigenthums,* usucapium possessionis, quod theutonica exprimitur lingua sala. 1179 L. 1, 470. allodiorum proprietas, quae v. sale dicitur. 1197 L. 1, 554. 558. jus, quod sala dicitur. 1223 L. 2, 110. juris forma, quae v. sale dicitur. 1239 N. 2, 226.

sallca terra. 973. 1000 1030. 1136. 1179. 1266 G. 1, 80. 97. 112. 113. 114. 223. 432. 2. 353. *s.* **sellant.**

salman *s.* **man.**

salmenworf. 1336 G. 3, 340. *Salmenfischerei*

salmenzug, jus capiendi salmones. 1310 S. 1. 489.

salzfennine *s.* **pfennine.**

sammethant. firmitudinis modus, qui v. sammethant dicitur. 1212 II. 2, 30. communi manu, quod v. dicitur semenderbant. 1304 N. 3, 645. *mhd.* diu samende hant mit samenter hant.

sarell est pannus grossus.. 1222 J. 1, 146 *Wallraf* 75: *grobes Tuch, welches ehemals in Spitälern gebraucht wurde, 12 Ellen lang, 2 Ellen breit.*

sausillinge *s.* **schilling.**

saz, satz in ursaz *und* vorsaz.

ursaze. (mhd. ursaz, ursaejo. *H.* 2008) *Die bei Aufhebung eines Kaufkontrakts dem nicht reuigen Theile zufallende Geldsumme,* der *Ersatz,* jus ursaze. 1258 H. 3, 681. recompensatio sive restaurum, quod dicitur vrsazen. 1273 F. 163.

vorsasz, supplementum. 1274 G. 2, 369. culpa minor, quae voirsatze dicitur. 1239 T. 2, 139. *H.* 1995: vorsatze == widersatz == *Widersetzlichkeit.*

scara. 775 J. 1, 34 *u. ö.* (*ahd.* scara *Graff* 6, 530. *mhd.* schar. *MZ.* 2ᵇ, 151. *RA.* 317. 499. 531. *Sm.* 3, 361.) *Scharwerk, Frohnde, wol vorzüglich Wald - und Hirtendienste. s.* **scararios.**

mutschar. per modum, qui dicitur mutschar. 1321 F. 459. *mhd.* muotschar *MZ.* 2ᵇ, 153. *Theilung, Vergleich, Uebereinkunft nach Muthmassung. H.* 1362.

winschar, census. 1320 B. 512.

volscherich. de hominibus, qui dicuntur volscherich. 1267 L. 2, 575.

scharheylz, scaremanni *s.* **holz, man.**

scararios modo ministeriales appellamus. scaram facere est domino abbati, quando ipse jusserit, servire et nuncium ejus seu litteras ad locum sibi determinatum deffere. 1222 J. 1, 147.

scarriones. 1056. 1112 J. 1, 402. 485. *ahd.* scario *Graff* 6. 531. *Scherge.*

schaz, schatz. *neuniederl.* schat. *Vgl. Graff* 6, 557. *MZ.* 2ᵇ, 89. *RA.* 48, 565 *Sm.* 3, 420.

brautschaet. (*mhd.* brütschaz *MZ.* 2ᵇ, 90.) dos, quae brautschaet dicitur. 1343 T. 2,349.

sleyschat. *mhd.* slegeschaz *MZ.* 2ᵇ, 90.) ab solvimus a censu cupri et jure, quod v. sleyschat dicitur. 1237 N. 2, 211. *H.* 1633: slage-

schaz = tributum mercium, quae in urbem vendendi causa importantur, principi praestandum, vel eius beneficio civitati.
wettescaz pignus, retrovenditio init. saer. XIII. K. 125. *II.* 209: pignus simplex.
neazunge, exactio. 1227 II. 2, 54.
schaubeseil. XXVIII pondera dicta schaubeseil boni porri. 1299 A. 2, 577. *Von mhd.* schup = *Bund, Bündel, Büschel.*
scheide *in:* **marckschedis** sive metis. 1299 H. 13, 131. *Markscheide.*
schepe. *(ahd.* sceffeno, scepeno *Graff* 6, 453. *mhd.* scheffe, schepfe *MZ.* 3ᵇ, 70, *RA.* 512. 575. 576. *Sm.* 3, 378. *H.* 1643.)
landschepen. scabini, qui v. landschepen dicuntur. 1300 R. 18, 372.
vemschepen, veymschepen. 1311 L. 3, 104.
schuppestuel *s.* stuel.
schephel *etc. (ahd.* scefil *Graff* 6, 449. *mhd.* scheffel. *alts.* scepil, *mittelniederl.* scepel, *niederd.* schepel. *Sm.* 3, 326.) unum schepel, skepel siliginis. 1224. 1246 P. 459. 1206.
holczschephel. mensurae anonae, quae v. dicuntur holczschephel. 1299 Q. 4, 7.
strikschepele. modius applanata mensura, quae v. dicitur eyn strike scepel. 1298 R. 19, 177. strikschepele. 1300 R. 15, 49. *Gestrichener Scheffel.*
wichskepel. 1191 M. 3, 7. wichschepelen. 1239 M 3, 29. winscepel hordei. 1193 R. 10, 184 *u. ö. Wispel.*
schif in marschif, navis publica. 1341 G. 3, 432. *mhd.* marketschif *MZ.* 3ᵇ, 111.
schillinc. *(ahd.* schilling *Graff* 6, 477. *mhd.* schillinc *MZ.* 3ᵇ, 127. *ags.* scilling. *Sm.* 3, 345.)
erfschillinc, erfsgelync. 1262. 1300 L. 2, 524. 1053. *Erbschilling.*
sausillinge, solidi. 1272 R. 2, 182.
vartsillinc. 1272 H. 2, 182. *s.* vortschi'ling.
vogehtschillink. solidum monetae monasteriensis *(Münster in Westfalen)*, quod v. dicitur vogehtschillink. 1196 O. 549.
vortschilling, manipulus. 1271 H. 4, 913. *s.* **vartsillinc, vortphenning.**
vretheschilling solidus. 1241 N. 5, 11.
schilt in hereschilt, militaris clipeus. regn. Henr. IV. C 125. militaris clipeus

herescilt. 1130 C. 142. herschilt. 1147 C. 150. jus herschilt. 1241. 1242 R. 10, 200. 201 *u. ö.* — *ahd.* heriscilt *Graff* 6, 489. *mhd.* herschilt *MZ.* 3ᵇ, 130. *II.* 887. Z. 1, 120.
scindala, scindelinga, scundele *s.* **esselinge.** *Schindel ist ahd.* scintala, scindela, scindila, scindele *Graff* 6, 522. *mhd.* schindel *MZ.* 3ᵇ, 141.
schippunt. talentum, quod v. schippunt vocatur. 1248 R. 14, 4. *Schiffspfund.*
schirne. quatuor maccella, quae v. nuncupantur vier schirnen. 1302 F. 343.
schit in erfeschit. 1311 G. 3, 138. *Erbschicht, Erbantheil.*
scoltmudde, mensura tritici. 1242 P. 397. mudde *ist lat.* modius, *mhd.* mütte, mütt, müt *MZ.* 2, 280. *ahd.* mutti *Graff* 2, 700. *Sm.* 2, 653.
schoz. vigiliae et exactiones, quae schot v. dicitur. 1273 R. 14, 13.
beckerschoz, ungeltum pistorium. 1312 T. 2, 272.
bierschoz, ungelt de cerevisia. 1312 T. 2, 272.
schotzphenning,scozwin,schotzwyn *s. d.* 2. W.
schranne. in macellis i. e. schrannis. 1244 A. 2, 94.
schrei *in* **lantschreie.** ad vocem preconum justiciarii nostri dicta comicie (dictae comitiae), quod v. dicitur lantschreie. 1237 H. 1, 544. confoederatio lantgeschrei. 1419 G. 4, 205. *H.* 1166: conclamatio populi ad persequendos praedones etc. *Landesaufruf.*
schroder *in* **winscrodere.** 1261 A. 2, 186.
schroytammit, scrodambet *s.* **ambet.**
sculd. debita notoria, quae v. kenlige (*s. d.*) sculde dicuntur. 1279 L. 2, 739.
scundele *s.* **scindala.**
schuppechen, aedificium. 1313 H. 3, 94.
scuria. 830 C. 217. *Scheuer. Graff* 6, 536. *Sm.* 3, 357. 392.
schutzampt *s.* **ambet.**
schymberthat. 1285 L. 2, 802. *mhd.* schinbaere tät = *offenbare, öffentliche That, was* blichendait.
schuschin, schussin. 1315. 1319 B. 446. 493. *zwischen.*
sedilhof *s.* **hof.**

seife. de smigena seifen. 1338 L. 3, 326. *Seife.*

sekeren. securitas militaris, quae sekeren dicitur. 1237 L. 2, 227.

selaist. 1279 L. 2, 728. *Eine Ware.*

selfrichte, silfrichte, violentia. 1241 N. 5, 11. *Selbstrecht.*

selgerethe. in pane, vino, annona, denariis, remediis, quae selgerethe dicuntur. 1264 S. 1, 336. *Stiftung, Vermächtnisz zum Heile der Seele,* mhd. selgeraete *MZ.* 2, 574. *Sm.* 3, 148.

sellant, selant, selcende, selehof, selgut *s.* **lant, zehende, hof, gut.**

semenderhant *s.* **sammethant.**

senehp, sinapum. 893 J. 1, 155. *Senf,* ahd. senef, sinaf *Graff* 6, 246.

sidel in lantsidelenrecht. *Der ahd.* lantsidilo *Graff* 6, 310. mhd. lantsidel *ist der Besitzer eines Gutes auf Bau und Zins.* H 1181. *Sm.* 3, 201.

sigil. porcos tempore glandinis, quod sigil vocant, pascentes introducant. 1131 L. 1, 310.

simmer. quarta pars maltri, vel duo simeren, summeren, C. 3682. sumbrinus. 1197. 1282 G. 1, 489. 2, 449. *Simmer, Fruchtmasz,* ahd. sumbir *Graff* 6, 224.

situla vini. 1083 G. 1, 149. *Seidel.*

skenko. officium, quod dicitur skenko. 1175 A. 2, 12.

slacke. scoria, quod v. dicitur slacke. 1293 N. 2, 477. *Schlacke.*

slege. octo slege prati. 1297 A. 2, 553. extra villam sita sunt VIII slege prati. 1291 A. 2, 472. sebin slege in der bislachen. 1303 A. 2, 634. *Ein Wiesenmasz.*

sleyschat *s.* **schaz.**

smal thegede *s.* **zehende.**

sneyde. limitationes silvarum, quae v. sneyde vocantur. 1254 N. 2, 302. *Der durch Auplätzen bezeichnete Weg,* mhd. sneide.

wegesnit. resectio viarum, quae v. wegesnit nuncupatur. 1260 A. 2, 330.

snittag. dies, qui snittage v. nuncupantur. 1320 A. 1, 499.

sobereige. sordida munera et illicita, quae sobereige vel quibuscunque nominibus dicantur. 1269 A. 2, 244.

somarii, equi mercibus onusti. 1182 K.

120. *Säumer,* mhd. soumaere, ahd. soumari *Graff* 6, 63.

somerkoren *s.* **korn.**

spalten. pede bipertito, quod v. dicitur eyn gespalden vuz. 1325 A. 2, 926. *Besthaupt von einem gespaltenen Fusz, also nicht Hühner, Gänse etc. RA.* 367. 608.

spanbette, ladulae. 1341 H. 2, 349. mhd. spanbette *MZ.* 1, 111, *ein frei stehender, nicht gegen die Wand gelegter Silz, dessen Kissen in einem Gestelle lagen, welches nach Art unserer Feld- oder Jagdstühle gespannt war.*

spelt. decem modii speltae. 1295 S. 1, 444. *Spelt,* ahd. spelta *Graff* 6, 336. *Sm.* 3, 564.

spike. piscatura, quae dicitur spike. 1238 L. 2, 236.

spilhus *s.* **hus.**

spille. fusum spille. 893 J. 1, 167. LX Jusi lini libram unam habebant in pondere. 1222 J. 1, 167. *Spindel,* ahd. spinnila, spinala, spinela, spilie *Graff* 6, 345.

sponeverken. porcellum, quod dicitur sponeverken. 1260 L. 2, 494. *Spanferkel,* mhd. spanvarch *MZ.* 3, 272.

sprache. (ahd. sprâha, sprâhha, sprâcha *Graff* 6, 352. mhd. sprache. *H.* 18. 109. 1367. *RA.* 746.)

ansprake. (ahd. anasprahha *Graff* 6, 383. *H.* 41.) *Anspruch,* omnem scrupulum gravaminis, quod v. dicitur ansprake, resignavit. 1223 P. 191. actiones ansprake. 1221. 1233 P. 168. 308. 311. libere et publice renuntiaverunt omni, quod v. dicitur ansprake. 1266 N. 5, 35.

morgensprake. in collocucione, quae v. dicitur morgensprak, morgensprake, morghensprake. 1295. 1299. 1335 R. 15, 34. 47. 94. *H.* 1367: colloquium matutinum opificum, conventus et consultatio opificum matutina.

sprakburk. in communi placito, quod v. dicitur sprak (burk) apud Gruningen. 1210 B. 4.

sprengin. 1247 G. 2, 219. *Ein versprengtes Wild soll dem nicht gehören, in dessen Wildbahn es gefangen wird, sondern dem, der es in seinem Wildbann angejagt und versprengt hat.*

spurcelwerhe *s.* **were.**

stadel m **burcstadel**, burgstadel, burckstadel. 1253. 1259 H. 2, 105. 132. 631. *Gebäude um eine Burg.*
stadelambt *s.* **stadelhobe.** *s.* d. 2. W.
stale. idea, quae stale v. appellatur. 1152. 1301 L. 2, 380. 3, 11. *Eine Geldmünze.*
stân in **vûrstaeyn**, defendere. 1301 L. 3, 11.
standen. 1341 H. 2, 349. *Ständer.*
stappellude *s.* **liute.**
starbunte. piscatio inordinata et indecens, quae starbunte dicitur. 1361 R. 12, 39.
stat in **homestat**, curtis. 803 D. 180. casale, quod houestat vocatur. 1163 G. 1, 379 J. 1, 700. area i. e. hovestat. 1165 C. 157. aream appellamus houestat. 1100. 1222 J. 1, 154. 457. aliqua area, quae vronebobistat nuncupatur. 1295 T. 3, 176.
staupus. 1017—47. 1215 G 1, 123. 2, 117. *Masz für Flüssiges.*
stedegeld, stedepennighe *s.* **gelt, pfennine.**
stehehen, palus. 1222 J. 1, 151. *Stecken.*
stein in **marestein.** 1196 S. 1, 115. 1273 H. 3, 799.
steinfennine, steinwolle *s* **pfennine, wolle.**
steyle. venna (*s. d.*) est instrumentum sumptuosum et satis utile, unde pisces capiuntur. quod instrumentum appellamus wer sive steyle. 893. 1222 J. 1, 153.
steynit. 1313 A. 2, 741 *statt* stoezit, *stöszt.*
stiefft, comitia. 1238 H. 1, 547.
stochus *s.* **hus.**
stokenet. instrumentum piscatorium. 1292 M. 1, 89. *Stocknetz.*
stopha, sthopha *s.* **freda.** RA. 298 *hat aus einer Urk. von* 889 steora vel ostersluopha, *weisz aber nicht, was er daraus*

machen soll. "Wäre stauf ⟶ poculum *gemeint, so müszte* stoupha *gelesen werden."*
stortzwyen *s.* **win.**
stowinge. 1287 M. 1, 83. *Stauung des Wassers.*
strikschepele, strikeseepel *s.* **schephel.**
stuel, stul. abd. mhd. stuol, *Stuhl.*
schuppestuel. inter ipsas hancas et schuppestuel. 1269 L. 2, 591.
wedemstul, sedes. 1306 H. 3, 36 H. 2098: *Wittwenstand.*
stuhlgebrudere, fratres *(in Speyer).* 1264 S. 1, 334.
sture. 1313 D. 855. onus servitutis, quod v. dicitur sture. 1325 A. 2, 927. *Steuer.*
heresture. *(mhd.* herstiure, *ahd.* beristiura *Graff* 6, 705. *H.* 888) *Heersteuer, Kriegssteuer.* jus, quod v. dicitur beregewede (*s. d.*) et beresture. 1152 J. 1, 629. herewede et hersture. 1176 L. 1, 458. hersture et herwede. 1197 L. 1, 554.
succegarve *s.* **garbe.**
suegania. 1211 G. 2, 106. *Oberkleid, besonders der Nonnen und Mönche,* mhd. suckenie, suggenie, sukni, *franz.* souquenille.
sulbogen, arcus. 1318 A. 2, 812. mhd. sulboge MZ. 1, 179.
suke. 1234 L. 2, 199. *Die später unter dem Namen* soikhafer *vorkommende Abgabe. s.* **succegarve.**
summeren, sumbrinus *s.* **simmer.**
swalburn. 1327 G. 3, 253. *Sauerborn.*
swande. 1362 K. 174. *Gericht an Wald oder Swende.*
sweideil *s.* **teil.**
swerevoget *s.* **vogt.**
symella. 1322 G. 3, 209. *Semmel, deren man 70 aus einem Malter Weizenmehl backen kann.*

T.

teil, ahd. mhd. teil *Graff* 5, 402. MZ. 3, 19. *altsächs.* dêl, *neuniederl.* deel.
buteil, buweteil. *Ein Stück aus einer Hinterlassenschaft in dem Bauerngut, welches sich der Herr nehmen darf. H.* 203. kA. 364. MZ. 3, 22. jus buweteil. 1195 K. 121. tertiam partem dictam v. buwetheylungen. 1312 A. 2, 735.
dateil, d. i. *Thaltheil,* divisio heredum peracta, perpetua, irrevocabilis. *H.* 1781. divisio heredum datail. 1303 H. 3, 16.
eruedeil. (mhd. erbeteil MZ. 3, 22.) eruideila, hereditaria pars. 1115 G. 1, 184 J 1, 492. ius, quod v. dicitur eruedeil. 1238 L. 2, 233.
achtdeil. tritici mensuras, quae dicuntur

4*

v. achtdeil, aichdeil. 1271. 1272 F. 157.
158. achteil C. 3670. 3826.
drltdell, drltdeyl. 1307. 1317 A. 2,
679. 806, mhd. dritteil MZ. 3, 22.
viertdell. 1309 A. 2, 692. mensura vini
virdeil. 1265 G. 2, 344. quarta pars maltri, vel duo simeren, virteil. C. 3682. mhd.
vierteil MZ. 3, 22.
zweltell. 1293. 1299. 1307 A. 2, 498. 580.
676. zveyteil, zveyteyl. 1314 A. 2, 749.
zweidel. 1284. 1297 A. 2, 383. 541. zweydel. 1282 A. 2, 355. zweydeil. 1299. 1313
A. 2, 580. 741. zveiteil. 1299 A. 2, 582.
zveidel, zuedel. 1295 A. 1, 210. zweideil
1309 A. 2, 692. szveideil, szweideil. 1209
E. 69.
teilweln s. **wln.**
tentlose. nisi a speciali iure dationis duorum solidorum et duorum modiorum tritici Alensis mensurae, quod v. dicitur tentlose, ipsos quitaremus. 1246 P. 452.
thegede s. **zehende.**
thetdlnch s. **dinc.**
thlngravlus s. **grave.**

tlns s. **zlns.**
tonna. 893 J. 1, 155. tunna, dolium C. 3657.
tunnae s. **buden,** ahd. tunna Graff 5, 431.
mhd. tunne MZ. 3, 131
tov, stamen. 1233. 1251 R. 14, 10. 13.
tragil. piscatura in Reno, quae dicitur
tragil. 1238 L. 2, 236. ahd. tregil Graff 5,
500. mhd. tregel MZ. 3, 76 ist Träger; ist
hier tragil = drachgarn?
treugam, pacem. 1148 J. 1, 612 s. Graff
5, 466.
truwenhant. legatio, quae truwenhant
v. dicitur. 1314 A. 2, 757. ordinacio, quae
truwenhant v. dicitur. 1323 A. 2, 899. mhd.
under triuwen hant = unter treuer Hand,
unter Vormundschaft. H 794. Sm. 1, 468. 2,
204. Gw. 1, 543.
truwchelder. 1484 G. 4, 664. Vormund,
Testamentsvollzieher. H. 1804. Sm. 1, 469.
tunna s. **tonna.**
tuuerchnach. iudicium fieri debet ultra
noctem, quod tuuernach dicitur. 1297 F.
305. mhd. uber dwerch naht MZ. 3, 166.
Sm 4, 309.

U.

vfholen s. **holen.**
vlngelt s. **gelt.**
umbennech. ad ignem ligna, quae dicuntur umbennech. 1265 L. 2, 555. s. **ban.**
umneheng, vela scampnorum. 1341 H.
2, 349. mhd. umbehanc MZ. 1, 612. Umhang, Decke.
vnderpant, underpauth, underpand s. **pand.**
vngebodending s. **dinc.**
vngelt s. **gelt.**
uncgherath. mortis eventus, quae uncgheral v. vocatur. 1297 M. 1, 97. Ungeführer Tod. Vgl. MZ. 2, 575.
ungeworde. inquirere de eo, quod v.
dicitur ungeworde. 1258 L. 2, 452. mhd.
die ungewürte MZ. 3, 810 übeler Ruf.
unradini. 1274 H. 2, 958. Jene, welche
die Busze unrât erkennen. H. 1950: unrat =
damnum non animo deliberato, sed casu
fortuïto datum. Sm. 3, 146 MZ. 2, 577.
unrecht s. **recht.**
untweren. 1320. M. 2, 64. Gewährleistung.

upval, ûpkûmlnge s. **niderval.**
urbore. bona urbore. 1239 H. 1, 553.
Rente bringendes Grundstück. H. 1997. R.1.
611. MZ. 1, 151. Graff 3, 157.
urhulze, ursaze s. **holz, saz.**
urveda. 1289 L. 2, 865. urueda. 1271 L.
2, 623. úrueda. 1299 L. 2, 866. 867. urveyda.
1276 L. 2, 691. vrfeyda. 1317 H. 3, 145.
orueda. 1289 L. 2, 855. orveda. 1299 L.
2, 1029. orveyde. 1299 M. 1, 87. Urfehde.
H. 2001. mhd. urvêhede MZ. 3, 287.
uzfanc. frontes domorum et alia aedificia, quae proiectum habent, quod v. uzfanc
dicitur. 1180 L. 1, 474. Ueberbau, mhd.
ûzvanc. MZ. 3, 211. Hüllmann, Städtewesen
1, 311.
vzwendlg den baumen. 1324 A. 2, 905.
mhd. ûzwendec MZ 3, 695 ist Adj. und Adv.,
älternhd. Praep. mit Gen. und Dat. s. meine
Gram. des 15—17. Jahrh. 3, §. 243.
utlose. census, qui v. utlose dicitur. 1241
L. 2, 258.

V.

vadium *s.* **wette.**
valda *s.* **welde.**
valledor, valvae. 1291 H. 1, 853. *Fallthor, mhd.* valletor, valtor *MZ.* 3, 49. *Sm.* 1, 522.
valstoch, jurisdictionis fructus 1250 K. 153.
vara. (*ahd.* fàra, vàra *Graff* 3, 575. 679. *mhd.* vår, våre *MZ.* 3, 265. *Sm.* 1, 550.) *Gefährdung, Nachstellung.* sine vara et dolo. 1323 H. 3, 207. absque nota, quod v. vare dicere possumus, piscari poterunt. 1254 N. 2, 302.
varewette *s.* **wette.**
vart *in* **hervarth**, expeditio. 1353 R. 18, 468. *mhd.* hervart *MZ.* 3, 252.
vartsilline *s.* **schilline.**
vedungelt *s.* **gelt.**
ueleende *s.* **zehende.**
vemschepen *s.* **schepe.**
venna. 888. 893 J. 1, 13. 150 *u. ö.* (*Wagen.*) venna. 888. 973. 1030 G. 1. 49. 80. 113. *s. noch* **drysch** *und* **steyle.** (*Netz, Moorweide.*) *In der ersten Bedeutung ist es das altgallische* benna == *Wagen*, *Wagenkorb*, *woraus die Bedeutung Fischkorb, eine Art Netz sich ergibt; in der zweiten Bedeutung (Moorweide) ist es unser* Fenn, *ahd.* fenni, fenna, *goth.* fani, *ags.* fenn, *engl.* fen, *fries.* fenne, *neuniederl.* venne, ven. *Graff* 3, 126. 522. *Grimm, d. Wörterb.* 3, 1519. *Förstemann, Ortsn.* 2. 483. 484.
vennehe. de harundineto et pascuali salsugine, quod dicitur vennehe. 1208 E, 63. *Ableitung von* venna == *Weideplatz.*
veramt *s.* **ambet.**
verde. semitae aquarum, quae v. verde dicuntur. 1361 R. 12, 39. *Werder, ahd.* warid, werid *Graff* 1, 931. *mhd.* wert, werder *MZ.* 3, 596. *Sm.* 4, 144.
verenzartenzenden *s* **zehenden.**
vergiften. renunciare de bonis, quod v. verzien unde vergiften nuncupatur. 1321 A. 2, 853. — vergiften == *übergeben*, verzien == *verzichten.* *II.* 1588. 1917. *MZ.* 1, 505. 3, 878.
verleys. debita amissa seu perdita, quae kenlig (*s. d.*) verleys dicuntur. 1279 L. 2, 739. *Verlust, neuniederl.* verlies.

verseelen, verseylen. 1280. 1281. 1296. 1303 L. 2, 743. 748. 821, 3. 30. *Ein* selgut *übergeben, goth.* saljan, *ags.* sellan, *ahd.* saljan, farseljan *Graff* 6, 174. 175. *mhd.* sellen, seln, versellen, verseln *MZ.* 3ᵇ, 33, 34. *RA.* 555. 893.
verzaltman *s.* **man.**
verzien *s.* **vergiften, afzone.**
veste. 1292 G. 2, 492. ut nullus burgensis extra in potestatem comitum, vel quod v. vestene dicitur, vocetur. 1182 L. 1, 484. *Nach G. ein Kirchspielgericht aus Schöffen verschiedener Pfarreien. H.* 1913.
veymachepen *s.* **schepe.**
vierdteil *s.* **teil.**
viles, de rupa, de viles. 1222 J. 1, 174. *Fels. Diese Form spricht für mhd.* vèls *statt* vels.
vimmenotis *s.* **genoz.**
vinkonenses, vinkenoenses, vynkenogen. 1345. 1352. 1354. 1361 *u. ö.* R. 18, 24. 290. 399. 19, 24 *u. ö.* *Finkenaugen, eine Geldmünze,* denarii leves.
ulschen tu yse. glacialis piscatio, quam uischen tu yse volumus intelligi 1361 R. 12, 39.
vloch *s.* **puverde.**
vlotangel *s.* **angel.**
vochentze. panis albus, qui v. ein vochentze appelatur. 1322 A. 2, 881. *Eine Art Kuchen, mhd.* vochenze *MZ.* 3, 357. *ahd.* fochenza *Graff* 3, 441. *Sm.* 1, 507.
vogt, veget, voit. (*ahd.* fogat, fogit *Graff* 3, 432. *mhd.* voget, vogt *MZ* 3, 359. *H.* 1975. *RA.* 759.)
castenvogt. 1219 S. 1, 136. *mhd.* kastvoget *MZ.* 3, 360. *Schirmherr über ein Gotteshaus, zu dessen Amte besonders die Aufsicht über die Verwalter der Klostergüter und die Einnahmen aus denselben gehörte.* H. 1067 Gw. 1, 350.
dinchvolt, dinkuoit. 1093. 1144 J. 1, 444. 587. dinckuoith, dincuogt, dinckvogbet. 1144. 1171. 1184 G. 1, 288. 410. 445. *Vgl.* Z. 2. 442. 446.
swerevoget. 1238 P. 350.
vogtdinc, volddinc, voytdinest, voytgeld, voytlude, vogeth-

man, vogetpennige, vogehtschillink *s.* d 2. *W.*

vollehen *s.* **lehen.**

volscherich *s.* **scara.**

vorehure, vorhure *heisst die Belastung eines Erbleihegutes bei der Erbleiherneuerung; ein Recht, das die Bürger beim Amtsantritt eines neuen Pfarrers gegen eine Geldbezahlung erhalten.* II. 982: hure, heure. haur = pensio conductionis nomine praestanda. *mhd.* hûre, behûre = *durch Kauf oder Miethe erwerben MZ.* 1, 734. — vorehuira, vorehure. 1139. 1149 G. 1, 255. 323. vorhure. 1153 L. 1, 378. ut debitum censum et uorhuram de his areis persolvant. 1180 L. 1, 474. pro utilitate, quae vorhure dicitur. 1187 L. 1, 506. vorhure. 1190 N. 1, 6. ce uurehurin. 1197 L. 1, 556. si abbas viam universae carnis fuerit ingressus, fratres, qui praesunt curiae in Hademar. canonicis in Dietkirchen pro iusticia, quae v. dicitur vorhura, dimidiam marcam solvant. 1203 E. 51. ut sacerdos in primo introitu suo semel tantum ab hominibus sex denarios recipiat pro jure, quod vorhure dicitur, ipsique homines agros quiete possideant. 1204 P. 28. vorehure, vorhure. 1214. 1272 H. 1, 431. 2, 182. vorhure. 1220. 1244. 1249 L. 2, 91. 288. 347. titulo prelocationis, quod v. vorehure dicitur. 1244 P. 427. nulli successorum pensionem, quae dicitur vorehure, persolvat. 1245 P. 443. pensio vorhure. 1319 B. 504.

voremunde, vorsaz, voirsatze *s.* **munt, saz.**

vorslegere. lapicidae, qui et vorslegere nuncupantur. 1273 L. 2, 650.

vortphenning, vortschilling *s.* d. 2. *W.*

voytgeld s. **gelt.**

vrebel, vrevel, frevel. (*ahd.* frafali, fravali *Graff* 3, 824. *mhd.* vrevele, vrevel *MZ.* 3, 400. *H.* 486. *Z.* 1, 22, 26. 63.) Frerel. vrevel. 1254 H. 1, 649. violencia, quae dicitur frevele. violenter, quod v. vocatur freveliche. 1230 S. 1, 178. temeritas vrebel. 1293 B. 252. iura, quae v. dicuntur freuele. 1316 A. 2, 791.

vredhe. faciendo, quod usualiter dicitur vredhe. 1267 N. 5, 36. *Treulosigkeit, Uebermuth, mhd.* vreide *MZ.* 3, 397.

vretheschilling *s.* **schilling.**

vride, fride, friede, frede. (*ahd.* fridu, fridhu, frithu, frido *Graff* 3, 788. *mhd.* vride *MZ.* 3, 404) *Friede.*

burgfriede. (*mhd.* burcvride *MZ.* 3, 405. *Sm.* 1, 604. *Z.* 3, 353.) *Oeffentlicher Friede und Sicherheit in einer Stadt, dann auch das Gebiet einer Burg oder Stadt, auf dem man Frieden halten muss.* perfecta et debita custodia castrensis, quae v. ein reyth burghude vnde ein reyth burgfriede dicitur. 1241 T. 2, 343.

dorffride. iudicium, quod dicitur dorffride. 1304 A. 2, 637.

vridezol *s.* **zol.**

vridhine, vriethine, vrigraschaf, vrilude *s.* d. 2. *W.*

vrône, *was dem Herrn gebührt.* H. 531. *RA.* 230. *Sm.* 1, 613. *Z.* 1, 137.

wronen absare. 1222 J. 1, 157. *einziehen, pfänden, mhd.* vroenen *MZ.* 3, 427. *H.* 531. 532. *Gw.* 3, 742. 743.

vronde. mansi absi sunt, qui non habent cultores, sed dominus eos habet in sua potestate, qui v. appellantur wroynde. 1222 J 1, 144. absa wronida. 1222 J. 147. bona per ipsum publicanda, quod v. froinde dicitur. 1269 A. 2, 244. si vero bona publicata fuerint, quae proprie vronede nominatur. 1304 A. 2, 637 *Die bebauten mansi hiessen (nach RA.* 536) vestiti, culti, *die ungebaut liegenden (aber doch vermessenen und vertheilten)* absi, nudi, inculti. *In J* 1, 144 *sind aber Frohngüter, Herrengüter gemeint: RA.* meint darum, der Glossator hätte absi nicht mehr verstanden, da er das Gegentheil von dem sagt, was RA. behauptet. — Die Bedeutung publicare = übergeben, mittheilen hat mhd. vroenen, wie ahd. frônjan *Graff* 3, 811. *MZ.* 3, 427.

vrônevaste *wird alle drei Monate gehalten, heute: in der Woche nach Lucia* (13. *Dec.*), *in der ersten Fastenwoche, in der Woche nach Pfingsten, in der Woche nach dem Feste Kreuzerhöhung* (14. *Spt.*). quatuor anni temporibus, quae vronevaste v. dicuntur. 1267 F. 146. vroneuaste. 1293 A. 2, 362. fronfaste. 1273 A. 2, 271.

vroname, vronhof, vronepenninege, vronevader *s. d. 2. W.*
vuoder, *Fuder, Mass.* carrata, quam appellamus vronevuder. 1222 J. 1, 157.
vurgezimber, vurleysin, vurstaeyn *s.* **zimber, lesen, stân.**
vurph *s.* **worpe.**

W.

wactas facere. 893 J. 1, 145. *Wacht, ahd.* wabta *Graff* 1, 677.
waden, sive garne, sagenae piscatoriae. 1283 M. 1. 80. *Df.* 807: sagena = fischwate. *mhd.* vischweide *MZ.* 3, 553 *Fischfang.*
cropelwade, instrumentum piscatorium. 1292 M. 1, 89.
walda *s.* **welde.**
wald, walt, *Wald.* quendam uualdum .. de eodem uualdo .. pars ipsius uualdi. 816 J. 1, 57.
gewelde, *Waldung, Beholzungsrecht.* communis silva, quae v. gewelde dicitur. 1253 L. 2, 398. jus gewelde. 1271 G 2, 373.
geweldig man. 1341 L 3, 361. *Dieser hat Holzberechtigung.*
waltgenoten, waltmarca *s.* **genoz, marke.**
wanburtich, wanmate, wanmatze *s.* **burtich, maz.**
wandelunge, *Wandelung, Umsatz. MZ.* 3. 702. *H.* 2026. ubi non datur wandelunge. 1291. A. 2, 515. jus, quod v. dicitur wandelunge. 1297 A. 2, 555. commutatio, quae v. wandelunge nuncupatur. 1316 A. 2, 781.
wannus *s.* **crinzin.** *Wanne, ahd.* wanna *Graff* 1, 855. *mhd.* wanne *MZ.* 3, 502.
wapele. quicunque impegerit concivem suum in wapele, dabit judici XXX denarios et exterminabitur ad annum et diem. 1239 T. 2, 139.
wapende, *bewaffnet.* quicunque vult incedere cum gladio aut aliter, quod v. vocatur wapende, debet illud facere cum judicio sculteti et consulum. 1239 T. 2, 139.
eckewapen, *niederd.* Eggewapen. cum armis, quae v. dicuntur eckewapen, ecbgewapen. 1273. 1278 R. 14, 13. 14.
warandia. 1271 L. 2, 616. 1320 M. 2, 43. werandia, quae v. dicitur werscaf jar inde dacg. 1300 L. 2, 1052. warandia, quae werschaf dicitur. 1316 A 2, 782.
warandarii *s.* **wareman.**

warf. *(ahd.* hwarb, warb *Graff* 4, 1235. *mhd.* warp, warf *MZ.* 3, 727. *fl*4. 747. 7. 1. 278.) *Kreis, kreisförmiger Platz, daher auch die Gerichtsstätte.* in circulo, quod warf dicitur. 1169 L. I, 433.
wat. passagium, quod v. wat nuncupatur. 1262 S. 1, 329. *Furt, Ueberfahrt, ahd. mhd.* wat *Graff* 1, 766. *MZ.* 3, 535.
wazer in mülinwaszer. 1274 F. 171.
wazzirbu. aqua situenda, v. dict. der wazzirbu. 1321 R. 536.
wede, gewede, gewaete. *(ahd.* wât, gewâti *Graff* 1, 740. 741. *mhd.* wât, gewaete, hergewaete *MZ.* 3, 776. 778. *altsächs.* wâd, herwêde. *H.* 884. *R.*t. 567. 569.) *Kriegsrüstung, die fahrende Habe, welche sich auf die Bewaffnung und Rüstung der Mannen bezieht. Ursprünglich gehörten Pferd, Schwert und Kriegsgewand des Erblassers dazu, später werden noch andere Geräthschaften dazu gerechnet, die sich für den friedlichen Bürger und Landmann schickten.* herweda. 1068 L. 2, 1300. herwede et hersture. 1176 L. 1, 458. herstura et herwede, 1197 L. 1, 554. hereditas, quae dicitur herwede. 1221 P. 173. herwede. 1227 L. 2, 149. P. 232. 243. herwede. 1232 P. 296. herwede. 1235 L. 2, 204. herwede. 1236 P. 334. herewede. 1240 P. 373. jus herewede. 1244 N. 5, 13. pro illo iure, quod dicitur herewede in v., dabit ecclesiae marcam unam. 1246 P. 458. herewede. 1253 L. 2, 391. *s. noch* rade. — jus, quod v. dicitur heregewede et heresture. 1152 J. 1, 628. hergewede. 1166 L. 1, 415. jus hergewede. 1188 G. 1, 456. hergewede. 1231 H. 2, 939. hergewede. 1254. 1258 L. 2, 405. 453. *s. noch* anevel.
wedemenrecht, wedemestul *s. d. 2. W.*
wegegelt, wegelage, wegelange, wegesnit *s. d. 2. W.*
weide. *(ahd.* weida *Graff* 1, 774. *mhd.*

weide *MZ*. 3, 551.) waida, vaida. 893. 1222 J. 1, 158.

cupelweyde, koppelweide. jus cupelweyde. 1195 K. 121.

gemeineweide, agri. 1283 B. 536.

wellebaum, axis molend. eyn wellebaum. 1321 B. 536.

wer, gewer. (*ahd.* gaweri *Graff* 1, 929. *mhd.* war, gewer *MZ*. 3, 586. *II*. 705. *RA.* 558. Z. 1, 57.) *Rechtskräftige Uebergabe einer Sache, förmliche Einkleidung (Investitur) in den Besitz eines Grundstückes.* jus, quod v. nuncupatur wer. 1242 N. 2, 240. ad innotescendum supradictum momentum, quod v. guuere dicitur. 1129 J. 1, 523.

wēre. (*mhd.* wēr *MZ*. 3, 584.) *Währung des Geldes.* argentum ponderis et valoris, quod dicitur were. 1350 N. 5, 287.

wer, were. (*ahd.* weri *Graff* 1, 929. *mhd.* wer *MZ*. 3, 510.) *Wehr.* gurgustium, quod ein wer dicitur. 1361 R. 12, 39. captura angwillarum, quae proprie dicitur eyn were. 1364 R. 19, 401. *s. noch* **steyle.**

borchwere *s.* **lantwere.**

borstwere (l. brustwere, brustwer *MZ*. 3, 511). una lapidea, quae borstwere dicitur. 1320 N. 5, 136.

lantwere. (*mhd.* lantwer *MZ*. 3, 511. *Sm.* 4, 130.) *Vertheidigung des Landes, eine an der Gränze des Landes aufgeworfene Befestigung, namentlich ein Schutzgraben.* onera seu labores, qui lantwere vel borchwere v. vocantur. 1284 L. 3, 55. landwere. 1228 M. 3, 22.

werschaf. (*mhd.* werschaft, gewerschaft *MZ*. 3, 586. *II.* 710) *Rechtskräftige Uebergabe des Besitzes, der rechtskräftig gesicherte Besitz.* satisfactio wereschaf. 1305 T. 2, 257. *s. noch* **warandia.**

wergras, wergelt, werholz, werlude, wermeister *s. d. 2. W.*

were. (*ahd.* wërh, wërch, wërc *Graff* 1, 962. *mhd.* wërc *MZ* 3, 586.) *Werk.*

burchwere, borchwere. (*II.* 196: opus et munitio castri vel urbis.) burchwerc. 1197 G. 1, 486. opera, quae burchwerck vocantur. 1209 R. 17, 2. borchwerc. 1217 M. 3, 13.

forwercum. 1176 N. 1, 4 *mhd.* vorwërc *MZ*. 3, 590. *Landgut, besonders ein Landgut vor der Stadt oder dem Herrensitz.*

grawerc. 1259 L. 2, 469. *mhd.* grâwërc *MZ*. 3, 588. *Grauwerk.*

lenwerc, jus feodale. 1243 M. 2, 12.

manwerc *etc.* (*mhd.* manwërc *MZ*. 3, 589. *H.* 1314.) *Morgen, eigentlich so viel ein Mann in einem Tage graben kann. Vgl.* **manesmat.** praedium manewerc. 1075 L. 1, 219. habentur ibidem XXXI manuwerc. XI. saec. J. 1, 380. manuwerc, manewerg. 1017—47. 1136. 1222 G. 1, 122. 123. 223. 2, 144. vinea una salicae terrae, quod v. dicitur manuwerc. 1136 J. 1, 540. terra dominicalis, quae v. dicitur manewerch. init. saec. XIII K. 125. vineas manewerc dictas. 1222 A. 2, 49. manewerg, vineae, quae manwerck dicuntur. 1271 H. 4, 913.

meyswerc, spurcelwerc. ad annonam purgandam, quos modo v. appellant meyswerhc, spurcelwerhc. 1222 J. 1, 153.

werclose, census. 1225 H. 3, 983. *Vielleicht Abgabe zur Befreiung von Frohndearbeit.*

wersegen. retia, quae wersegen v. vocantur. 1203 L. 2, 1.

wesllbode, wesslebode *s.* **bude.**

wette. (*goth.* vadi, *mittellat.* vadium, *ahd.* wetti *Graff* 1, 739. *mhd.* wette *MZ*. 3, 774. *П.* 2099. *RA.* 204. 601. 618. 621. Z. 1, 22. 23.) *Pfand, Pfandvertrag, Vertrag mit gegenseitiger Setzung von Pfändern, gerichtliche Busze* (compositio). quodsi die statuto praebendam fratribus s. Pauli non persolvat, ad emendam praeposito teneatur, quod v. vadium nuncupatur. 1218 P. 135. wette, compositio. 1195 K. 131. emendae autem quae dicuntur wethe. 1289 T. 3, 182. vadimonia wetde. 1290. 1317 L. 2, 883. 3, 162.

gewette. (*mhd.* gewette *MZ*. 3, 776.) *Was dem Oberherrn oder Richter als Gebühr gegeben wird.* jus gewetde. 1315 H. 3, 129.

howedde, poena. 1351 L. 3, 493 *mhd.* hofwette, *Hofstrafe MZ*. 3, 776. *Gw.* 3, 746.

varewette. (*H.* 540: mulcta delicti. Z. 2, 498.) vadium, quod varewette dicitur. 1297 F. 305.

weddepennige, wettescaz *s. d. 2. W.*

wicbilede, wicbilethe, wigbelethe *etc. s.* **recht.**

wichskepel, wichschepel *s.* **schephel.**

wilkoer s. **kor.**

win, *Wein, kommt verschieden als Abgabe vor.*

banwin. (*mhd.* banwin *MZ.* 3, 676. *H.* 99.) *Das Recht mit Ausschluss anderer Einzelverkäufer von Wein an einem Orte auszuschenken.* banvin. 1111. 1182 S. 1, 80. 107. banwin. 1264. 1327 H. 2, 150. 3, 257. bannwin. 1285 H. 1, 813. banwin. 1285 L. 2, 802.

bodenwin. (*H.* 181: propinatio vini ob officia jurisdictionis administrata in translatione dominii.) istis civile ius quod bodewin dicitur, est persolutum. 1225 E. 140. unde ad confirmationem gestae rei ius civile, quod bodenwin dicitur, est solutum. 1226 E. 142. boddewin. 1263 A. 2, 197.

einewin. 1100 J. 1, 437.

dischwin, *Abgabe.* 1265 A. 2, 206.

frentzwin, huntzwin. 1408 G. 4, 127. *Fränkischer, ungarischer Wein.*

gestickitwin de vitibus stipitis et paxillis erectis et sustentis. profferwin. 1300 G. 2, 539. *Jener ist von Reben, die an Pfählen befestigt sind, dieser von Reben ohne Pfähle, also von s. g. Jungfeld.*

gezuichwin, vinum testimoniale. 1262 B. 94. *Wein, den Zeugen als Gebühr erhielten.*

scozwin. 1051. 1054 L. 1, 186. 189. scholzwyn. 1036 J. 1, 398.

stortzwyen. 1036 G. 1, 131.

teilwein. 1300 D. 849.

winpenning, winschar, winsecepel, winscrodere s. d. 2. W.

winnachten. 1260 H. 2, 137. *Weihnachten,* *mhd.* ze wihen nahten, winnahten *MZ.* 2, 302.

wiseuene. maldra avenae magnae mensurae, quae appellantur wiseuene. 1222 J. 1, 178.

wisunga, xenias. 1100 J. 1, 455. *mhd.* wisunge *MZ.* 3, 762 *ist Weisung, Rechtweisung. H.* 2067. *Gw.* 1, 27.

wittpenninghe s. **pfennine.**

wizzehtdine, wizzehdine, wissenthafte dinck s. **dine.**

uizzideg halb, uuizzidiges dimidietatem. 914 D. 662.

woldbode. nuntius, qui v. woldbode (l. waltbote) dicitur. 1278 R. 14, 14. *II.* 1019. *MZ.* 1, 184.

wolle *in* **steinwollen**, de lapide lanae. 1339 L. 3, 326.

worpe. piscatura. 1282 L. 2, 769. vurph. 1201 L 2, 1. *Wurf, mhd.* wurf *MZ.* 3, 740. *Sm.* 4, 152.

worpenet. 1292 M. 1, 89. *Wurfnetz.*

wortine, werttine s. **zins.**

wrigedine s. **dine.**

wronen, wronhof, wroynde s. **vronen** etc.

wscop. frumentum, quod Wscop vocatur. 1208 R. 17, 2.

wunde *in* **offenwunde**, vulnere aperto. 1285 L. 2, 802.

wustinge, westinge, devastatio. 1234. 1272 L. 2, 198. 629. *mhd.* wuostenunge, wüestenunge *MZ.* 3, 813.

wysmorgen s. **morgen.**

Y.

yarmarket s. **market.**

ymmen. examina apum, quae v. dicuntur ymmen. 1297 A. 2, 54. *Bienenschwarm,* *ahd.* impi *Graff* 1, 257. *mhd.* imbe, imme *MZ.* 1, 747.

Z.

zabel. 1259 L. 2, 469. *Zobelpelz, mhd.* zobel. *MZ.* 3, 944. *ahd.* zobal *Graff* 5, 580.

zal *in* **manzal** *und* **margzal.**

manzal, numerus armatorum. 1293 U. 1, 869. *MZ.* 3, 842.

margzal. portio, quod v. dicitur margzal 1290 F. 247. *mhd.* marczal *MZ.* 3, 843, *Zahl nach der Proportion.*

zegher. per aliquam libram vel instrumentum, quod zegher dicitur. 1333 R. 15, 91. *Vgl. Zeche Sm.* 4, 219 *und mhd.* zechaere = dispositor *MZ.* 3, 860.

zehende, zende *etc.* (*mhd.* zëhende, zëhente *MZ.* 3, 862. *R.*1. 392. *Sm.* 4, 250.)
beunczehenden. decimae, quae v. beunczehenden dicuntur. 1292 A. 2, 486. *s.* **biunda** *in den Ortsnamen.*
roderzehende. decima novalium, roderzehende v. nuncupata. 1320 F. 454. *Wurde vom Neurod gegeben.*
salzehende, selcende. (*mhd.* salzëhende *MZ.* 3, 862.) *Wurde von Hofgütern, die zu Erblehen gegeben waren, entrichtet, gehörte ausschliesslich der Kirche.* decima salica. 1000. 1163. 1179 C. 1, 97. 374. 435. 436. solcende. 1215 G. 2, 118. seeltzebende. 1449 G. 4, 477.
smal thegede. exempta decima animalium, quae v. smal thegede dicitur. 1319 R. 17, 56. *Von smalviho == kleineres Vieh.*
uelcende. 1215 G. 2, 118. *Feldzehente, Gegensatz zu salzebende.*
verenzartenzenden. 1321 B. 530. *Zehnte der domina Zorthe.*
chiendehus *s.* **hus.**
zenta. (*mhd.* zënt, *mittellat.* centa, centena *MZ.* 3, 870. *H.* 2149. *RA.* 755. *Sm.* 4, 275. *Z.* 1, 92 u. ö.) *Centgericht,* judicium, quod zenta dicitur. Q. 4, 7.
zephen. 1341 H. 2, 349. *Zapfe, ahd.* zapho *Graff* 5, 640. *mhd.* zaphe, zapfe *NZ.* 3, 849.
zimber. (*ahd.* zimbar, gazimbari *Graff* 5, 669. 670. *mhd.* zimber, zimmer, gezimber

NZ. 3, 892. *Sm.* 4, 261.) materiamen sunt ligna, quae nos v. appellamus cinber, cimber 893. 1222 J. 1, 156. 198.
uberzimmer. 1244 H. 1, 580.
vurgezimber. aedificia, quae vůrgezimber dicuntur. 1169 L. 1, 433.
zins, cins, tins. (*lat.* census, *ahd. mhd.* zins *Graff* 5, 669. *NZ.* 3, 898. *RA.* 358.)
hovezens, hovecins. 1232. 1238. L. 2, 189. 229. *Hofzins, mhd.* hofzins *NZ.* 3, 899.
hubenzins. 1305 A. 2, 659. *H.* 962: census mansorum modius.
rudentins, rudentzins. 1314. 1349 R. 18, 19, 102.
wortins, worttins, census arearum. 1309. 1336 N 5, 100. 199. *H.* 2134: wort-, wurd-, wertzins, census arearum.
zinsmeister *s.* **meister.**
zol. (*ahd. mhd.* zol *Graff* 5, 959. *NZ.* 3, 945. *H.* 2164.) teloneum, quod teutonica lingua interpretatum est zol. 1074 F. 13.
vridezol (*in Boppard*). theloneum vridezol, fridezoll. 1292. 1298 H. 1, 863. 902.
zuckarel. de centenario zuckarei (*Ware*). 1338 L. 3, 326.
zug *in* **salmenzug** (*s. d.*) *und* **herzüge,** expeditiones. 1208 R. 17, 2.
zugemerke *s.* **marc.**
zuschen. 1293 A. 1, 210. *zwischen.*
zweiteil, zweydeil *s.* **teil.**

ZWEITE ABTHEILUNG.
ORTS- UND PERSONENNAMEN.

1. Flur- und Gränznamen.

(Gr. in Klammern bedeutet einen Gränznamen.)

A.

abbatisbach, abtesgeren, abbtsholz *s. d. 2. W.*
abenheimertale, wege *s.* **tal, wec.**
ach, ahe. F. 2, 22 *hat* aha, accha, ahu, wolfaha. — oberch. 1277 A. 1, 84. in der ahe. 1321 A. 2, 856. ad woluahe (Gr.) 1095 U. 1, 1.
achtebaume *s.* **boum.**
acker, ackir, agkir, agger, agker. F. 2, 4.
    juxta balzen acker. 1317 A. 2, 806. in bogackere, in bogeckern. 1308 A. 2, 690. der dunackir. 1310 B. 393. an deme Eckehartes ackere. 1328 D. 600. zu grunackere. 1304 A. 2, 641. imme hunreagkir. 1316 A. 2, 787. kirchacker. 1325 A. 2, 927. zu langen ackere. 1304 A. 2, 641. vnder dem munichackere. 1325 A. 2, 927. pulacker. 1325 A. 2, 927. in den puzlagger. 1304 A. 2, 636. apud Serbiz ackir. 1315 B. 441. seacker. 1239 E. 196. zu steinagkere. 1315 B. 446. campus steinackir. 1316 A. 2, 787. tulacker. 1219 A. 2, 24. an deme ziginackere. 1322 B. 541. — locus vf den artbeckern. 1303 A. 2, 626.
adamareche *s.* **rech.**
adelheiderlaach *s.* **risnch.**
adenbabe *s.* **bach.**
aduch *etc. aus lat.* aquaeductus == *Abzug, Abzugskanal. Df.* 43 *hat* wasserduch, wasserduche.
an der adduch, zu oberest adduch. 1314 A. 2, 748. aquaeductus, qui dicitur aeduche. 1304 F. 360. aquaeductus anduche. 1304 H. 3, 18.
aganrod *s.* **rod.**
albe. F. 2, 46 *hat* Alba (*Elbe, Alb in Baden*). rivus Rotalbe (Gr.), rivus Trualbe (Gr.). 1196 S. 1, 115.
albuvinesaneitta, albwinesneida *s.* **sneide.**
alden *s.* **bach, buche, burn, veld.**
aldolf(v)esbach *s.* **bach.**
alkenbuele *s.* **buhil.**
almensberc *s.* **berc.**
alre, *wahrscheinlich* oller.
    campus, qui uppedemalre nuncupatur, uppemalre. 1315 N. 5, 125. 129.
ammitmorgen, wisen *s.* **morgen, wise.**
andertuberge *s.* **berc.**
anewande, angewende, anewendere *s.* **wande.**
anewerde *s.* **werd.**
anger *kommt schon ahd. mhd.* (angar, anger) *vor, bildet aber wenige Zusammensetzungen.* F. 2, 71 *hat nur einen Namen auf* anger (Vuluisangar). offe dem angere. 1303 A. 2, 634. kirchanger. 1271 H. 4. 913.
anneshenberge *s.* **berc.**
antillolla rivulus (Gr.). 820 J. 1, 58.
anwecke *s.* **wec.**

5*

anychergaszen *s.* **gaze.**
appinheymer steyne *s.* **stein.**
appo silva, a quo vocabulo appo curtis nostra Mappen traxit sibi nomen. 1173 F. 27.
armuse. juger dictus armuse. 1310 B. 391. *mhd.* armuz, armuze *ist eine Kopfbedeckung.*
arezgrefte *s.* **girufde.**
armesheimer wege *s.* **wec.**
arnoldesrot *s.* **rod.**
artheckern *s.* **acker.**
arzeede, vf dem. 1315 B. 446.
asinare wise *s.* **wise.**

asinheimer weck *s.* **wec.**
asp, espe, *Aspe und Espe.* nemus, quod v. asp dicitur¹). 1236 L. 2, 209. zu aspen. 1309 A. 2, 701. in der espin. 1320 A. 2, 843.
aspach *s.* **bach.**
asterberge *s.* **berc.**
antheimer lachen *s.* **lache.**
auwe, awe *s.* **ouwe.**
awenweg *s.* **wec.**
azenacher²). in azenacher juxta bartelen. 1227 A. 1, 84.

B.

babendale, babenmülen wege *s.* **tal, wec.**
bach, bac, bahc. F. 2, 154 *hat viele damit zusammengesetzte Ortsnamen.*
an der bach. 1298 A. 2, 560. of der bach. 1324 B. 565. — in Abbatisbach³) (Gr.). 1012 C. 83. Adenbahc. 893 J. 1, 179. Aldol(v)esbach⁴) (Gr.). 773 C. 6. an der alden beche. 1324 A. 1, 905. rivus Aspach (Gr.). 1196 S. 1, 115. rivulus Baltinesbach (Gr.). 1170 S. 1, 101. Barbach⁵) (Gr.) 816 J. 1, 57. Becchenbach (Gr.). 1169 J. 1, 711. Breitbach⁶) (Gr.). 850 J. 1, 86. Brunebach⁷) (Gr.). 1169 J. 1, 711. Buchbahc⁸) (Gr.). 1095 U. 1, 1. versus Buckinheimere bach. 1311 B. 399. Calambach (Gr.). 960 J. 1, 267. Cunesbach (Gr.). 959 J. 1, 264. in Cuningesbach⁹) (Gr.). 1012 C. 83. vf der daupach. 1325 B. 575. an der dichbach. 1318 B. 776. bi der dychbach. 1322 B. 2, 877. Diufonbach¹⁰) (Gr.). 850 J. 1, 56. Diofbach. 959 J. 2, 264. Diefenbach. 960 J. 1, 267. Firninbach¹¹) (Gr.). 816 J. 1, 57. rivus Fischbach¹²) (Gr.). 1196 S. 1, 115. Vischebach (Gr.). 960 J. 1, 267. Gamenesbach¹³) (Gr.). 773 C. 6. Garambach¹⁴) (Gr.)

816 J. 1, 57. Gracenbach¹⁵) (Gr.). 850 J. 1, 86. in Gugberbac. 1231 E. 162. Gunnesbach¹⁶) (Gr.). 773 C. 6. Heinboch, Heinbahc¹⁷) (Gr.). 1095. 1125 U. 1, 12. II. 1, 12. Henesbahc¹⁸) (Gr.) 1095 U. 1, 1. an der hardebach, zu herdebach¹⁹) 1315 B. 441. Hundinesbach²⁰) (Gr.). 816 J. 1, 57. an der Karlebach. 1299 A. 2, 571. vinea Luzelenbach²¹) 1165 C. 157. Maranbach (Gr.) 1012 C. 83. an der martbach²²). 1315 B. 441. Mencebach (Gr.) 960 J. 1, 267. Merelebach (Gr.). 960 J. 1, 267 Molbach. 1157 J. 1, 662. rivus Mosebach, Musbach²³) (Gr.) 1196 S. 1, 115. an der mulenbach²⁴). 1303 A. 2, 634 fluvius Mulinbach. 881 J. 1, 124. in der opperenbach. 1308 A. 2, 691. Poienbach (Gr.). 850 J. 1, 86. in quatbach. 1307 A. 2, 679. Racilinesbach²⁵) (Gr.). 846 J. 1, 86. rodenbahc. in rotinbach (Gr.). 1095. 1125 U. 1, 1. 12. Ruzenbach (Gr.). 959 J. 1, 264. rivus Schneppenbach (Gr.). 1196 S. 1, 115. Sclusunbach²⁶) (Gr.). 816 J. 1, 57. Sneitbahc, Sneitbach²⁷) (Gr.). 1095. 1125 U. 1, 1. 12. Stalbach (Gr.). 960 J. 1, 267. rivus Trivilbach (Gr.). 1274 H. 2, 959. Ulinabach (Gr.) 960 J. 1, 267. Uerre-

---

1) *Wahrscheinlich der bei Neuss.* F. 2, 114. — 2) F. 2, 150 *hat* Azinheim, Azenhus *u. a. vom Personennamen* Azo. — 3) F. 2, 3 *aus* D. — 4) F. 2, 45 *aus* D. *bei Lorsch.* — 5) F. 2, 182. — 6) F. 2, 283 *nicht aus* J. — 7) F. 2, 307 *ein anderes* Brunbach. — 8) F. 2, 260 *ein* Boh-, Buoch-, Büchbach *an der bad. Kinzig.* — 9) F. 2, 394. — 10) F. 2, 421 *verschiedene.* — 11) F. 2, 500 *unser* Firnibach. — 12) F. 2, 502 *verschiedene.* — 13) F. 2, 549 *unser* Caminesbach. — 14) F. 2, 553 *unser* Garaubach. — 15) F. 2, 599. — 16) F. 2, 614. — 17) F. 2, 651 *verschiedene.* — 18) F. 2, 725. — 19) F. 2, 672 Hartbahc (*Wald*). — 20) F. 2, 804. — 21) F. 2, 960 *ein anderes*. — 22) F. 2, 997 *ein* Martbach. — 23) F. 2, 1045 *verschiedene* Mosbach. — 24) F. 2, 1051 *verschiedene* Mulibah, Mulinbah. — 25) F. 2, 1164. — 26) F. 2, 1244. — 27) F. 2, 1282 *zwei* Sneidbach, Sneitbach.

bach (*Gr.*). 959 J. 1, 265. Vischebach *s.*
Fischbach. Vullonobach (*Gr.*). 1012 C. 83.
Walsbahc, Walsbach¹) (*Gr.*). 1095. 1125
U. 1, 1. 12. Widimbach ²) (*Gr.*). 1006
J. 1, 337.
badenhei(y)mer *s.* **wingarte, pad,
straze.**
baltinesbach, berc *s.* **bach, berc.**
balzenacker *s.* **acker.**
ban, bant *s.* **ban** S. 3. jnme jnren-
banne. 1297 A. 553. an deme vzeren banne,
jmme vszeren banne. 1303. 1306 A. 2, 634
670. districti wyltbanL 1303 L. 3, 27.
barbach *s.* **bach.**
bartin. an dir bartin. 1291 A. 2, 472.
bardenwingart *s.* **garte.**
basanbrunnen *s.* **brunne.**
baum, baumgarte *s.* **boum, garte.**
becchenbach *s.* **bach.**
bececbe³). vinea bececbe. 1084. H. 1, 384.
becher. an den rubecheren. 1314 A.
2, 728.
beckelnheimer wege *s.* **wec.**
bedelere path *s.* **pad.**
begge. in boddinbegge. 1217 L. 2, 66.
beinbrechen *s.* **breche.**
belresrothe *s.* **rod.**
belegrave *s.* **grabe.**
bennenburnen *s.* **burn.**
benstal *s.* **tal.**
benzenrit *s.* **rid.**
**berc, berk, berch, berck, berg,
bergh.** F. 2, 232.
    in dem berge. 1295 A. 2, 518. ober den
berg. 1281 A. 2, 336. offe deme berge.
1291 A. 2, 472. offe deme berge an der
Harwesheimer marken. 1289 A. 2, 435.
vnder deme berge. 1318 A. 485. ofem
berge. 1322 A. 2, 876. — Almensberc (*Gr.*).
1170 S. 1, 101. an andertuberge. 1314 A.
2, 750. vf deme Anneshenberge. 1328 B.
599. in asterberge. 1305 A. 2, 657. mons
Baltinesberc (*Gr.*). 1170 S. 1, 101. mons
Bisenberg⁴) (*Gr.*). 1196 S. 1, 115. hinder
brankenberge. 1314 A. 2, 750. mons Bruns-
berg⁵) (*Gr.*). 1196 S. 1, 115. per Calden-
berg. 1292 A. 2, 488. clophenberck⁶) (*Gr*).
819 C. 21. vinea cloppenberg. 1268 A. 2,
228. vor Cloppinberg. 1305 A. 2, 653. offe
cranesberg. 1266 A. 2, 215. Crawinberk⁷)
(*Gr.*). 773 C. 6. mons decbichenberg, am
dechinberge. 1325 A. 2, 927. dinkberch.
1219 E. 68. an deme dorenberge. 1307 A.
2, 679. ame Erweisberge. 1310 A. 2, 710.
mons Eysemberg. 1289 A. 2, 449. an dem
farberge. 1307 A. 2, 679. felisberk, felis-
berck⁸) (*Gr.*). 773 C. 6. velisberg (*Gr.*).
1012 C. 83. Gelicheberga (*Gr.*). 773 C. 6.
amme Girsberge. 1291 A. 2, 472. mons
Grubenberg (*Gr.*). 1196 S. 1, 115. juxta
montem grutzeberge. 1317 A. 2, 806. an
Hainheimerberge. 1316 A. 2, 782. vnder
deme hasinberge. 1318 B. 485. in heyde-
berge, heideberge. 1261. 1289 A. 2, 178.
450. an Herlisheimer vwerberg. 1299 A. 2,
580. an deme berteberge. 1320 A. 2, 845.
in himmelberge⁹). 1266 A. 2, 402. ante
Hirneberg, an birneberge. 1275. 1293 A. 2,
280. 498. vfme, super hoenberge. 1308 A.
2, 692. zu hoenbergen. 1290 A. 2, 455.
retro hollenberge. 1307 A. 2, 679. vf horn-
berge¹⁰). 1308 A, 2, 692. zu hufernberge.
1293 A. 2, 498. kalvenberc (*Gr.*). 1130 H.
1, 84. Katesberk (*Gr.*). 773 C. 6. in kirch-
berge, in kirbcberge¹¹). 1261. 1289 A. 2,
178. 450. in Kirseberge. 1292 A. 2, 488. in
Libenberc. 1254 A. 2, 137. in gwanda,
quae dicitur libenbercb. 1283 A. 2, 369.
am lirkelberg. 1299 A. 2, 580. Mauresberk,
Moresberk¹²) (*Gr.*). 773 C. 6. an dem met-
tensberge. 1325 A. 2, 927. super Mildel-
berg, in mittelberg. 1292. 1308 A. 2, 488.
692. an deme molinberge. 1312 B. 414.
vf deme Muschinheymir berge. 1325 B.
575. an oberdoffir berge. 1289 A. 2, 435.
in ocenberge¹³) 1084 H. 1, 394. vffe dem
Olmerberge. 1325 A. 2, 927. vinea in pfaf-
finberc. 1252 U. 1, 178. mons Ramesberg

---

1) F. 2, 1461. — 2) F. 2, 1514 Widimbach, Widinbach. — 3) *Vielleicht Gen. sg. des
weibl. Person.* Bezetha, *gehört dann nicht hierher.* — 4) F. 2, 245 Bisinberg. — 5) F. 2,
302 *eine Wüstung* Drunisberg. — 6) F. 2, 373 *verschiedene* Clophen-, Cloppenberg. — 7)
F. 2, 385 *ein* Crawinberk *aus* D. — 8) F. 2, 497 *verschiedene* Filis-, Felisberg. — 9) F. 2,
739 *ein* Himilinberg. — 10) F. 2, 808 *verschiedene* Hornberg. — 11) F. 2, 880 *verschiedene*
Kirchberg. — 12) F. 2, 1006 *aus* D. — 13) F. 2, 1101 *unser* Ocenberge.

(Gr.). 1196 S. 1, 115. an deme Riderberge, an deme Ridebirge, Ritberg ¹). 1299. 1297. 1299 A. 2, 435. 553. 580. rodenberch. 1227 E. 145. an deme roydenberge. 1314 A. 2, 748. mons Rubenberg (Gr.). 1196 S. 1, 115. an dem, off dem ruheberge, off ruheberg. 1320 A. 2, 839. campus Scheudeberch. 1299 A. 2, 584. collis Sconeberg²). 1112 A. 2, 3. jugera dicta zu selserberge. 1298 A. 2, 564. vfme spilberge³). 1299 A. 2, 574. ad Steccbendenberc⁴). (Gr.). 1095 U. 1, 1. vinea Steinberch⁵). 1232 E. 163. Thiemeresberch (Gr.). 960 J. 1, 267. super trappenberg. 1308 A. 2, 691. off Tudelnberg. 1295 A. 2, 518. Velisberg s. Felisberk. an der vererberge. 1314 A. 2, 750. vf deme Wedirborge⁶). 1325 B. 575. ofme wermberge. 1314 A. 2, 748. super wersterberghe. 1242 E. 208. ofme westerberge. 1314 A. 2, 748. an dem wormberge. 1320 A. 2, 848. vinea in monte, qui vocatur theutonice Wurmelingere bergh. 1261 U. 1, 192.

berkhohe, bergstrazen, berg(ch)-wege, berchwingart, bercheimerweg s. d. 2. W.

beretale s. tal.

bernhart s. hart.

bertheimirwege s. wec.

bertholdesheimermarken s. marke.

bertingestelle s. gestelle.

besteinenende s. ende.

bibelnheimer marke s. marke.

bigen. ahd. pigo, piga Graff 3, 32. mhd. bige MZ. 1, 117. Sm. 1, 158. Grimm, d. W. 2, 1371. ist ein aufgeschichteter Holzhaufe. in den bigen. 1323 B. 557. locus dictus bygen. 1305 A. 2, 658.

bihelgen s. elgen.

bildrat s. rad.

binegarden, garten s. garte.

binger, bynger s. straze, wec.

birboyme s. boum.

bircha vel Harrozen, rubus. 1232 E. 157.

birinkeimer, birker wec s. wec.

birkunhart s. hart.

biscoffesrod s. rod.

bisenberg s. berc.

bislachen s. lache.

bitze. 1290 F. 253. s. Grimm, d. W. 2, 58.

biuira (Gränzbach). 850 J. 1, 86. Vgl. bure.

blunda, blunt, buns s. bunda.

blatte. super blatdun versus Renum. 1283 B. 2, 369. supra blattin. 1299 A. 2, 582.

blayche, bleiche. vffe der bleychen. 1297 A. 2, 551. vf der blaychin. 1310 A. 2, 710. vffer bleiche, zu bleichen. 1320 A. 2, 846. locus dictus Bleiche (in Mainz). 1299 A. 2, 585.

bliczinbohele s. buhil.

bildgeringmad s. mad.

blimensheim s. heim.

bluel. an dem bluele. 1310 A. 2, 710. s. Grimm, d. W. 2, 111.

blume. bi der fenchilblume. 1303 A. 2, 634.

bockenheimer s. marke, wec.

boden, budem. F. 2, 265.
off grasebod. 1281 A. 340. in deme budeme. 1312 B. 414.

boge. ad ellenbogen⁷) (Gr.). 819 C. 21. ad ellenbogen (Gr.). 1095 U. 1, 1. apud Glechenbogen. 1299 A. 2. 580.

bogackere, bogeckern s. acker.

bohel, bochel, boel, bol s. buhil.

bolge s. houg.

bolirwege s. wec.

bolender wege s. wec.

bolla. locus Heigelesbolla (Gr.). 1196 S. 1, 115.

bomersheimer wec s. wec.

bonnedal s. tal.

borgrabin s. grabe.

borgerdore s. dor.

born, bornwege, borninwege s. burn, wec.

botenrott s. rod.

bouch in Houmbouch (Gr.). 960 J. 1, 267. Vgl. Graff 3, 35. hageboche, haganpuaha.

boum, bom, baum, beym, bon. F. 2, 191.
iornales, qui vocantur achtebaume. 1297 A. 2, 541. bi dem birboyme⁸) 1315 B, 446. apud danzebom. 1308 A. 2, 681. vinea

---

1) F. 2, 1187 ein Bitperch. — 2) F. 2, 1235 verschiedene Soneberg. — 3) F. 2, 1289 ein Spilberg. — 4) F. 2, 1310 unser Stec. — 5) F. 2, 1301 verschiedene Steinberg. — 6) F. 2, 1518 ein Wederbergon. — 7) F. 2, 466 verschiedene Elin-, Ellenbogen. — 8) F. 2, 1128 ein Piriboum.

zum Destbaume. 1284 F. 217. apud Grimmebon in via Reni. 1299 A. 2, 580. ober deme basilboyme. 1304 A. 2, 644. apud bauebovme. 1275 A. 1, 77. versus hohenbaume.¹ 1292 A. 2, 488. in pellant juxta holboum. 1227 E. 145. am holen bome. 1315 A. 2, 771. arbor s. Johannisboym. 1314 A. 2, 749. anme kenelboyme. 1320 A. 2, 846. arbor melbom¹), melboum (*Gr.*) 1036 J. 1, 360. 362. an mintzilsbaum. 1321 A. 2, 864. locus dictus zum Nusbome²). 1318 A. 2, 813. infra summerbaume. 1324 A. 2, 905. der sluzzil zu deme wartbauyme. 1311 B. 399. by deme wartbaume. 1315 B. 441.

boymgarten s. **garte**.

brache. F. 2, 290. *ahd.* bracha.
an der brachen. 1314 A. 2, 748. rivulus Hallebrachus. 762 J 1. 18.

bramaha (*Gr.*). 1012 C. 83. *ahd.* brâmo.

brankenberge s. **berc**.

brath in Suindinesbrath³) (*Gr.*). 816 J. 1, 57.

breche in an der beinbrechen. 1307 A. 2, 679.

bredepitere s. **pitere**.

breiden in campus breiden. 1277 A. 1, 84.

breiden, breidin s. **eiche, stein, waser, wise**.

breit s. **bach, wise**.

breiten s. **sol, stein**.

breyden s. **erde, rod, stein**.

brenun stucke s. **stück**.

brinke, brincke (*Anger, grüner Hügel*). campus qui dicitur uppedeme brincke, uppenbrinke. 1315 N. 5, 125. 128.

bronne s. **brunne**.

bruch, brůch. zu bruch. 1310 A. 2, 710. in der Druche (braché?). 1299 A. 2, 580 locus, qui v. dicitur Eberhurteswarenbrůch (Eberh. Waro *nom. prop.*). 1211 E. 74. 75. nemus fulenbrůch. 1189 E. 42.

bruchwege s. **wec**.

brucke, brukke. F. 2, 300,
vinea ad brukken sita. 1219 E. 114. an der brucken, an der brucke. 1299. 1308 A. 2, 582. 692. extra pontem dillenbrucken. 1318 B. 486. a ponte Meigelnbrucken (*Gr.*) 1196 S. 1, 115. retro Nacheymersbrucken. 1297 A. 2, 553. apud rintbrucken. 1311 A. 2, 714. ad Salzbrucken (*Gr*). 1196 S. 1, 115. gein Sawelnheimer brucken. 1320 A. 2, 846.

bruckeweg s. **wec**.

bruel, brůel, bruwel, broel, brul. F. 2, 298.
ad murum (*Moor*), qui v. vocatur bruel. 1018 L. 1, 151. 152. infra murum, que dicitur brůel. 1222 L. 2, 102. pratum Bruel. 1276 F. 176. pratum Bruwel. 1279 S. 1, 394. pratum bruel. 1287 B. 211. super bruwel. 1299 A. 2, 582. vf dem brule. 1308 A. 2, 690. — Frithegardenbroele (*Gr.*). 960 J. 1, 267. pratum Rutbrehtesbruel. 1026 C. 140. an Sawelnheymere brulen. 1308 A. 2, 690.

brunebach, brunebildestein s. **bach, stein**.

brunkele. locus brunkele. 1314 A. 2, 748. *s. Grimm d. W. 2*, 431.

brunne, bronne, prunne. F. 2, 304. -
unzi themo brunnon (*Gr.*). 777 D. 60. hinder brunnen. 1307 A 2, 679. — Basanbrunnon⁴) (*Gr.*). 820 J. 1, 58. gegen Chachilenbrunnen. 1284 A. 2, 383. in Cuningesbrunnen⁵) (*Gr.*) 819 C. 21. Dutilunbrunnun (*Gr.*). 960 J, 1, 267. Gerbrechtesprunnon⁶) (*Gr.*). 816 J. 1, 57. in Geroldesbrunnen⁷) (*Gr.*). 819 C. 21. vinea Hagenbrunno⁸) 1165 C. 157. Heidinbrunnen (*Gr.*). 960 J. 1, 267. ad fontem Herebronnen⁹) (*Gr.*). 1196 S. 1, 115. Illdi(e)geresbrunno¹⁰) (*Gr.*). 773 C. 6. in Lintbrunnen¹¹) (*Gr.*). 773 C. 6. aqua rezelinisbrunnin. 1151 E. 14. in Vlisbrunnen¹²) (*Gr.*). 773 C. 6. in Wallendebrunno¹³) (*Gr.*). 1012 C. 83. in willenbrunnen. 1307 A. 2, 679.

brunsberg, brunsloch s. **berc, loch**.

bube(l)nbornen, wert, heimerwege s. **burn, wert, wec**.

---

1) F. 2, 1013 *unser* Melboum. — 2) F, 2, 1100 *ein* Nuzpouma. — 3) F. 2, 298 *ein* Brath. — 4) F, 2, 187 *unser* Basanbr. — 5) F. 2, 394 *unser* Cuningesbr. — 6) F. 2, 555 *unser* Gerb. — 7) F. 2. 558 *unser* Gerold. — 8) F. 2, 631 *ein* Hagininbr. — 9) F. 2, 679 *ein* Heribr. — 10) F. 2, 737 *unser* Hildig. *aus* D. *von* 795. — 11) F. 2, 925 *unser* Lintbr. *aus* D. *von* 795. — 12) F. 2, 1432 *unser* Ulisbr. *aus* D. *von* 795. — 13) F. 2, 1473 *unser* Wall. *aus* D.

buche, büche, buocha. F. 2, 256. rivulus Buocha (*Gr.*). 820 J. 1, 58. — Aldenbuche (*Gr.*). 646 J. 1, 9. Igilesbuch (*Gr.*). 773 C. 6. arbor Lachbuocha¹) (*Gr.*). 1012 C. 82. in thie michilun buochun²) (*Gr.*). 777 D. 60. in Vinsterbuch³) (*Gr.*). 819 C. 21.
buchaldun *s.* **halde.**
buchbahc, buchstumpin, buchenscheit *s.* **bach, stump, scheid.**
buchehes *s.* **hes.**
buckinhelmere bach *s.* **bach.**
buddendal *s.* **tal.**
budem *s.* **boden.**
budinveld *s.* **veld.**
buderich. locus, qui dicitur Buderich⁴). 1281 A. 2, 344.
buedolestein *s.* **stein.**
buhil, buhel, buel, bul, bohel, bochel, boel, bol. F. 2, 322. *Grimm, d. W.* 2, 496.
bi den boelen, an den boele. 1305 B. 337. in buhele. 1313 A. 2, 745. offem bohele. 1320 A. 2, 846. — in alkenbuele. 1277 A. 1, 84. an deme Bliczinbobele. 1325 B. 575. super dorrenbochele, durrenbuhel. 1277 A. 1, 84. an deme Erweyzbohele. 1297 A. 2, 553. vf Gyrsbuhele. 1319 A. 2, 826. Hohenbuhel⁵) (*Gr.*). 1094 C. 134. locus dictus huotebohel, huttebule. 1305. 1322 A. 2, 659. 886. kyselbuhel. 1313 A. 2, 745. an dem lerkelnbohele. 1320 A. 2, 839. pratum masbohel. 1261 A. 1, 48. offen meden boele. 1306 A. 2, 670. super Nollenbochele. 1277 A. 1, 84. offe deme Ritbuhele. 1266. A. 2, 214. vinea dicta vf Schegelere bubele. 1305 A. 2, 648. obir sollin bohele. 1269 A. 2, 237. vffe stahelbule. 1299 A. 2, 574. Steinbuhil⁶) (*Gr.*). 816 J. 1, 57. amme steinbuhile. 1323 B. 557. vfme suinszbole. 1305 B. 337. pratum varresbohel. 1261. A. 1, 48. super wifshartsbohele. 1308 A. 2, 691. in Zeizenbuhel. 1322 A. 2, 787.
bunda, bunde, blunda *etc.* F. 2, 248. *Sm.* 1, 287. *Grimm, d. W.* 1, 1747.
biunda. 1026 C. 140. bünda. 1147 J. 1, 608. agri dominicales, qui bundin dicuntur, init. saec. XIII R. 125. juxta bundam episcopi. 1219 E. 116. ad bunam episcopi. 1241 A. 2, 87. super bundam. 1277 A. 1, 84. bunde. 1279 H. 1, 771. termini terrae arabilis dicti bunden. 1279 A. 2, 319. super bundam domini episcopi. 1283 A. 2, 369. extra bundam episcopi. 1299 A. 2, 582. an der bunden. 1304 A. 2, 642. agri, qui dicuntur bubinde. 1317 F. 438. buinde. 1321 B. 536. bunde. 1321 A. 2, 854. — a veteri bunda. 1227 A. 2, 61. Côningesbunda. 1112 A. 2, 3. an der heydebunden. 1310 A. 2, 710. binder Segarsbundin. 1313 A. 2. 741. in Specbunden. 1292 A. 2, 488. vf der steinecher bunden. 1272 A. 261.
burch, burg, burgare. locus moseburch⁷). 1112 A. 2, 3. destructa Vullonoburg⁸) (*Gr.*) 1012 C. 83. — mons burgare. 1039 E. 1.
bure. bure (*Gr.*). 646 J. 1, 9. Marisburas⁹) (*Gr.*). 816 J. 57. *vgl.* **bluira.**
burch(g)straza, weg *s.* **straze, wec.**
burgerfelt, burgerereine *s.* **veld, rein.**
burgrabin *s.* **grabe.**
burgunthart *s.* **hart.**
burn, born. F. 2, 304.
zu oberndorf offen burne. 1306 A. 2, 670. — an bennenburnen¹⁰). 1321 A. 2, 864. in bubenbornen. 1307 A. 2, 687. Clingendenburne (*Gr.*). 1170 S. 1, 101. geynme (*gegen dem*) clingenborn, klinhinburne. 1320 A. 2, 846. amme klingenbornen. 1314 A. 2, 758. pratum dictum Cranchburn. 1288 N, 2, 506. creienburne. 1242 E. 208. via in kregenburnen. 1254 A. 2, 138. zu difenburnen. 1290 A. 2, 455. in drofilbornen 1306 A. 2, 663. locus dictus dubenburnen. 1305 A. 2, 658. fons Eluerichesburnen (*Gr.*) 1136 J. 1, 546. 590. Engelburne (*Gr.*) 646 J. 1, 9. fons Eppenburnen. 1037 J. 1, 364. olden falkenburne 1649 J. 1, 9. an dem galbornen. 1320 A. 2, 839. zu gimmisbornen. 1304 A. 2, 642. zu hebelnborn. 1320

---

1) F. 2, 887 *unser* Lachb. — 2) F. 2, 1026 *unser* Michilunb. — 3) F. 2, 499 *unser* Vinsterb. — 4) F. 2, 313 *ein* Bodriki *und* Botrecba. — 5) F. 2, 707 *unser* Hohenb. — 6) F. ?, 1302 *unser* Steinb. — 7) F. 2, 985 Marisburias *zu* bûr (*Wohnung*). — 8) F. 2, 1045 *verschiedene* Mosa-, Moseb. — 9) F. 2, 1577 *unser* Vollonob. *aus* D. — 10) F. 2, 148 *ein* Penninpruona.

A. 2, 846. fons Hermansburne. 1321 A. 2, 864.
zu Hi(y)ppilspurne. 1313 A. 2, 741. amme
hirzesborne. 1324 A. 2, 906. juxta hunger-
burnen. 1241 A. 2, 87. zu katzenbornen.
1314 A. 2, 758. klingen-, kregen- s. clin-
gen-, creien-. an lentenbornen. 1306 A.
2, 663. offe dem Riche bi meyleborne. 1291
A. 2, 473. super meilleburne. 1316 A. 2,
782. molborn. 1320 A. 2, 846. apud Nuz-
burnen. vfme nuzburnen. 1297 A. 2, 553.
Odenburne (Gr.) 646 J. 1, 9. gein Ratmans-
born. 1349 A. 2, 846. geen Rockenheymer
borne. 1304 A. 2, 641. zu rubenbornen.
1251 A. 2, 336. vber stedebyrne. 1322 A.
2. 879. nydewenig Stumpelsborn. 1320 A. 2,
846. sub Sulceburnen. 1226 E. 144. super
fontem dictum Sulceburne. 1289 A. 2, 439.
vffe swerzeburnin. 1310 B. 393. super ve-
burnen. 1305 A. 2, 658. vber vndeborne.
1322 A. 2, 879.

burnedal, burnerwege s. **tal, wec.**
busch, bush, bus, buz. F. 2, 339.
amme hagenbusche. 1291 A. 2, 472. hinder
deme holderbusche. 1312 B. 414 libbusch
1301 B. 296. rubetum rupenbush. 1305 B.
341. — juxta haincubuse, hainisbuzze[1]).
1277 A. 1, 84.
busendal, busensheimer wee s.
tal, wec.
Busonis vallis (Gr.). 1196 S. 1, 115.
butenstal s. **tal.**
butsbecher s. **pad, wec.**
buzzi s. **puzze, busch.**
byrcherwege s. **wec.**

C. s. auch K.

cacenstein s. **stein.**
calambach s. **bach.**
calcovene s. **oven.**
caldenberg s. **berc.**
cameraden. zu cameraden, zu kamirdin.
1320 A. 2, 839. 843.
camerare weide s. **weide.**
camerie (Gr.) 646 J. 9.
camervorst s. **vorst.**
capht in **grascapht** (Gr.). 819 C. 21.
capilhove s. **hof.**
caste in in Winterkasten, Winterchasto
(Gr.). 773 C. 6. in Wintercasto (Gr.). 1012
C. 83.
catzenloch, cazzendale s. **loch,
tal.**
celdrun 1136 J. 1, 544.
cella in ad Manegoldescellam (Gr.). 819
C. 21.
celle(l)rwege s. **wec.**
centbuzzi s. **puzze.**
chachilenbrunnen s. **brunne.**
cheterich mons (Gr.). 1196 S. 1, 115.
cheuelle. Uualdaradecheuelle (Gr.). 975
J. 1, 301.
chunigesforst s. **vorst.**
cimberwec s. **wec.**
cincelnhart s. **hart.**
einstede s. **stat.**
clanne pratum dy clanne. 1323 B. 561.
clein ride s. **rid.**
clinge. F. 2, 372. — an de clingen. 1287 A.
2, 418. prope clingen. 1320 A. 2, 839. zu
den clingen. 1323 B. 557. in der clingen.
1324 B. 563. zu der clingen. 1334 D. 658.
— hunenclingon (Gr.). 1130 II. 1, 84. in
thie tiofun clingun (Gr.). 777 D. 60.
**clingenborn, clingendenburne,
clingilspore** s. **burn, spor.**
cloppe. vfme cloppe. 1310 A. 2, 710.
**cloppe(i)nberg, clophenberk,
clophendales** s. **berc, tal.**
cobart rivus (Gr.). 1196 S. 1, 115.
colc. aqua, quae v. dicitur Colc. 1188 L.
1, 510
coller wege s. **wec.**
cüningesbunda s. **bunda.**
copelewede, copelweide s. **weide.**
cosir[2]). 1100 J. 1, 457.
coz in Wericoz (Gr.) 959 J. 1, 264.
cranenberg s. **berc.**
cranchburn s. **burn.**
cratzharte s. **hart.**
crawinberk s. **berc.**
crechenreine s. **rein.**
creienburne s. **burn.**

---

1) buzzi, buzze könnte auch ahd. puzze, buzzi Graff 3, 355 (puteus) sein, doch hai-
nenbuse spricht hier dagegen. — 2) F. 2, 352 unser Cosir.

crieheshelmer stege *s.* steg.
cruce. amme hagelcruce. 1291 A. 2, 472. apud weldercruce. 1292 A. 2, 488.
crucereine, cruceweg, crucesgewande, crucenacher wege *s.* rein, wec, wande.
cruke, krucke. an der cruken. 1280 A. 2, 331. an der kruckin. 1324 B. 565.
crumme, crump *s.* halfter, morgen, stuck, wise.
crutzdale *s.* tal.
cunesbach, cunlngesbach, cuningesbrunnen *s.* bach, brunne.
cunne *s.* runse.
curdela[1]) flumen (*Gr.*). 1023 J. 1, 347.

D. *s. auch* T.

dal *s.* tal.
dalgewanden, dalpade, dalwingart, dalwisen, dalshelmer marke *s.* wande, pad, garte, wise, marke.
dan. F. 2, 1355. — nemus, quod v. dicitur dan. 1282 N. 2, 473.
danzebom *s.* boum.
daupach *s.* bach.
dauvelsloche *s.* loch.
dechinberge, dechichenberg *s.* berc.
degerenanauale[2]). 893 J 1, 178.
del. *s. Grimm d. W.* 2, 699. — in der diffindel. 1313 A. 2, 741. iornalis. qui dicitur frankendelre (*hierher?*). 1297 A. 2, 541.
delinrode *s.* rod.
dendrane. in dendrane. 1305 A. 2, 650.
deofansleid *s.* sleid.
destbaume *s.* boum.
dich *s.* telch.
dichbach, dicheggeren *s.* bach, geren.
dief, diof, diefen, difen, diffen, diflin, diffin, diufon, *s.* bach, burn, grabe, tal, wande, wec.
dilindal *s.* tal.
dillenbrucken *s.* brucke.
dinkberch *s* berc.
dinkoldrin, dinkoldren. 1230 E. 156. *s.* holder, wechalder.
dirhelde *s.* halde.
disenheimer pade *s.* pad.
dithelnsheimer holzwege *s* wec.
dolgisheimer wec *s.* wec.
dor (*Thor*). inter crucem et borgerdore. 1213 E. 83. prope portum campestrem dictam vallidor. 1289 A. 2, 439. locus dictus faltdor. 1305 A. 2, 658. an dem valledor, valledore. 1308 A. 2, 690. for dem falledore. 1324 B. 565.
dorenberge *s.* berc.
dorf, dorph. — nydene anme dorf. 1320 A. 2, 846. hindir nidirdorf. 1310 B. 393. von obirdorf. 1322 B. 541. an deme eychwege in obi(e)rdorph. 1297 A. 2, 553.
dorrenbochele *s* buhil.
doyfhoylz *s.* holz.
drager *in* in dem rosindragere. 1315 B. 446.
drappenspronge *s.* sprinc.
dredelnchen *s.* lache.
dreyse (*Driesch.*) in zu hindirn dreyse. 1340 B. 686. *s. Grimm, d W* 2, 1408.
drien morgen *s.* morgen.
droflibornen *s.* born.
dubenburnen *s.* burn.
duden gruben *s.* grube.
dumpele (*Gr.*). 1169 J. 1, 711. *Tümpel.*
dunackir, dunregrube *s.* acker, grube.
dunzendal *s.* tal.
durenkemerveld *s.* veld.
durinkelmerwege *s.* wec.
durrenbuhel *s.* buhil.
dursgeldhe, in. 1217 L. 2, 66.
dutilunbrunnum *s.* brunne.
duwele. in campo duwele. 1313 A. 2, 745.
dych, dygh, dychbach *s.* telch, bach.
dylenmorgen *s.* morgen.

---

1) F. 2, 884 *unser* Kurdela *aus* Höfer. — 2) F. 2, 1361 Tegarinawa *u. a.*

E.

eberharteswarenbruch *s.* bruch.
ebe(i)rshel(y)m, ebe(i)rnshel(y)m *s.* straze, tal, wec.
eberstadirpath *s.* pad.
ecgrunde *s.* grund.
eckehartes ackere *s.* acker.
eckelwarthe *s.* warta.
egel. in dem innerin egel. 1303 A. 2, 634
egelsheymer marke *s.* marke.
egglise *s.* se.
eiche. F. 2, 25. — arbor gruneich (*Gr.*). 1239 T. 2, 139. kineicha (*Gr*) 1012 C. 83. s. quercus (*Gr*). 959 J. 1, 264. — for den eychin. 1315 B, 441. zu breiðin eichen. 1323 H. 557.
eibahi. in daz smala eihahi[1]) (*Gr.*). 801 D. 165
eichendal, eicheneshart, eicheshart, eichwege *s.* tal, hart, wec.
eigen. *s oben* S. 7. — an deme eigenen. 1235 E. 178. juxta eigen zu Niderenwanden. 1277 A. 1, 494. Biheigen (*Gr.*). 646 J. 1, 9.
einde *s.* ende.
einlohe, einsol *s.* lohe, sol.
eirbelethdenwisen *s.* wise.
eisehelde *s.* halde.
elewisin *s.* wise.
elfmorgen *s* morgen.
ellenbogen *s.* bogen.
elm. in then elm[2]) (*Gr.*). 777 D. 60.
eluerichesburnen *s.* burn.
emmed, ermed. locus dictus emmede, vffe ermed. 1316 A. 2, 794.
ende, einde. an der Besteinenende, an Gerunges einde. 1277 A. 1, 84. in enuenende des abtes geren. 1293 A. 2, 498.

endric (*Gr.*). 646 J. 1, 9.
eneclegghelin, ofme En. 1305 B. 337.
engazen, engewech *s.* gaze, wec.
engelburne, engelgere, engelin steyne, engelmannescuren, engelsteder wege, engilishart *s.* burn, gere, hart, scure, stein, wec.
ennesheimere wege *s.* wec.
ensenheimere wege *s.* wec.
enuenende *s.* ende.
eppenburnen *s.* burn.
eppenken einswedel *s.* wedel.
erbe. 1140 H. 1, 125. 126.
erde. zu breyden erden. 1305 B. 337. an lettinburnen erdin. 1321 A. 2, 864. of des Ringrebin erde. 1313 A. 2, 741. zu rupen erden. 1314 A. 2, 758. apud vlners erde. 1315 A. 2, 771.
erlewinkel *s.* winkel.
erskelre *s.* keler.
erthusen *s.* hus.
erweinberge, erweyzbohele *s.* bere, buhil.
eselensteiga, eselpadt, eselwege *s.* steiga, pad, wec.
espin *s.* asp.
espennstuden *s.* stude.
estengerugeromarkun *s.* marke.
eychenlucher marke *s.* marke.
eyche, eychwege *s.* eiche, wec.
eynloch, eynsidelin wege *s.* loch, wec.
eysemberg *s.* berc.
ez(zz)elmulen *s.* mule.

F. *s. auch* V.

farberge *s.* berc.
faltdor *s.* dor.
fehe wege *s.* wec.
feld *s.* veld.
felisberk *s.* berc.
fenchilblumen *s.* blume.
firninbach *s.* bach.

first *s.* virst.
fizce. 1277 A. 1, 184.
flschbach, fisshepaden *s.* bach, pad.
flagt. en der flagte. 1231 E. 162. *Vgl.* F. 2, 506.

---

1) F. 2, 26 *unser* eihahi. — 2) F. 2, 467 *unser* elm.

flecke. vinea Flecke. 1165 C. 157. an deme ossinfleckin 1319 D. 493.
fierstat, fiersheimer anewende *s.* **stat, wande.**
flieten. an der flielen.. vnder pliecblen. 1320 A. 2. 839.
flor, flur. in somirflore. 1289 A. 2, 237. offe dem flure. 1305 B. 337. in dem ritflure. 1297 A. 2, 541.
floz. obir daz floz. 1324, 1325 B. 565. 578. offe daz wydere daz offe daz floz stozit. 1315 B. 441.
fohlnrlz *s.* **rlz.**
folkesfelt *s.* **veld.**
forh, forhe, fore *s.* **vore.**
forst *s.* **vorst.**
forwere *s.* **were.**
fosloche *s.* **loch.**
franconodal *s.* **tal.**
frauweauwe *s.* **ouwe.**
frankendeire. iornalis, qui dicitur frankendeire. 1297 A. 2, 541. *s.* **del.**

frechte, freitde, frithe, frechtwec *s.* **vrechte, wec.**
fredeberti sellen *s.* **sell.**
freilstat *s.* **stat.**
freitden, freytden, freytin *s.* **vrechte.**
fridat. vinea, quae v. dicitur der fridat 1319 B 482.
frinescheit *s.* **scheid.**
frisenhemer wege *s.* **wec.**
fritage. campus dictus in dem fritage. 1306 A. 2, 663.
frithegardenbroele *s.* **bruel.**
frochte *s.* **vrechte.**
fron *s.* **garte, grund, hof.**
fugilre. vffe deme fugilre. 1310 B. 390. 394.
fuhlenthal *s.* **tal.**
fulenbruch *s.* **bruch.**
furth. Thietfurth[1]) (Gr.). 960 J. 1, 267. in suuarzahafurt[2]) (Gr.). 801 D. 165.
fuslochern *s.* **loch.**

G.

galbornen *s.* **burn.**
galgin. zu den galgin. 1323 D. 557.
gamenesbach *s.* **bach.**
gane, gang. protum umbeganc. 1228 E. 148. in irregango. 1317 A. 2. 606 offe deme hundis vrgange, offe hundis vrgange. 1266. 1269 A. 2, 214, 237.
garambach *s.* **bach.**
garte, garde, garthe, gartde. F. 2, 559.
zu garthin. 1313 A. 2, 741. apud baumgarten[3]). 1329 B. 600. vffen boymgarten. 1310 A. 2, 710. locus Vuihingesboumgarto[4]) (Gr.). 786 T. 2, 11. in Binegarden[5]). 1071 C. 132. silva binegarten (Gr.). 1221 H. 1, 479. pralum lrongarde. 1225 A. 2, 56. gemeinegarte. 1299 A. 2, 582. hargarde. 1236 E. 182. vinearum, quae dicuntur Hovegarto. 1223 F. 42. hortus kirsgarte in Maguntia. 1247 A. 2, 106. kyrsgarte. 1340 B. 686. in mennelinusgartden. 1307 A. 2. 678. vf dem wingarthen[6]). 1299 A. 2, 574. vf den wingarten. 1308 A. 2, 690. offe dem wyngartin. 1315 B. 441. vndir den wingartin. 1323 B. 557. in Badenheymer wingartben. 1299 A. 2, 574. jurnales, qui v. dicuntur bardenwingart. 1207 E. 56. vinea, quae dicitur Berchwingart. 1153 J. 1, 632. vinea dicta phaffen beroldes wingarten. 1316 A. 2, 789. vinea Dalwingart. 1130 C. 143. in den houe wingartben. 1314 A. 2, 748. vinea zo sente Marien wingarthen. 1285. F. 217. vinea selewingart. 1130 C. 142. Spizeswingardin. 1217 E. 98. 99. 100. an Stollinwingart. 1321 A. 2, 864. in wesselwingarde. 1227 E. 145. super Winsheimer wingart. 1299 A. 2, 582
gaspenza, in g. (Gr.). 1012 C. 83.
gaze. F. 2, 568. — anychergaszen. 1307 A. 2, 679. prope engazen. 1280 A. 2, 331. in den mitdilgaszin. 1320 A. 2, 843. campus versus nidirgazen. 1288 A. 2, 427.
gebucke umb die burgh. 1366 II. 2, 1159.
gelderiches dale *s.* **tal.**
gelnpinheimer weg *s.* **wec.**
gelicheberga *s.* **berc.**

---

1) F. 2, 1375 *verschiedene* Theot-, Deot-, Dilf. — 2) F. 2, 1349 *unser* Swarzahaf. — 3) F. 2, 191 *verschiedene* Boum-, Poumgarten. — 4) F. 2, 1525 *unser* Vuih. — 5) F. 2, 224 *ein* Binegarden. — 6) F. 2, 1540 *verschiedene* Wini-, Wingartin.

gemat s. **mat.** — in gemannis gemat. 1295 A. 1, 210.
gemeinegarte s. **garte.**
gemenesbach s. **bach.**
gensewelde s. **welde.**
gernerwege, geraherwech s. **wec.**
gerbechtesprunnen s. **brunne.**
gere. geren. 1277 A. 1, 84. jnme geren. 1293 A. 2, 498. amne geren. 1297 A 2, 553. an deme gere. 1305 B. 337. amme geren bi der neyngrubin. 1314 A. 2, 748. — vf des abtes geren, in enuenende des abtes geren. 1293 A. 2, 498 in dicheggeren. 1299 A. 2, 582. Engelgere (Gr.). 646 J. 1, 9. an des paffin gerin. 1310 B. 390. an den scharegeren. 1305 B. 337 s. **vrechte.**
geroldesbrunnen, geroldisphad s. **brunne, pad.**
gerucke. inme gerucke. 1320. A. 2, 846.
gerungen einde s. **ende.**
geruenge. locus Geruenge (Gr.). 1196 S. 1, 115.
geseze. silva Gvnderamsgeseze (Kondermannsgesess) 1269 U. 2, 118.
gespelheimere wisen s. **wise.**
gespringun s. **sprinc.**
gestell in in bertingestalle. 1231 E. 162.
gewanda, gewende, gewandinweg s. **wande, wec.**
geworhe. bi deme wihere geworhe, bi yleos geworhe. 1303 A. 2, 634.
gimesheymer welde s. **welde.**
gimmisbornen s. **burn.**
ginnesloch s. **loch.**
girsberge s. **berc.**
girufde, grofde, greft. vallis Girufde, fossa Grofde (Gr). 979 T. 2, 25. — in Arezgrefte¹) (Gr.). 773 C. 6.
gizenheiden s. **halde.**
glebe, gleym. in fouea glebe i. e. gleym. 1299 A. 2, 580.
glechenbogen s. **boge.**
goller wege s. **wec.**
grabe, grave. F. 2, 593. — locus oftene graben. 1312 A 2, 735 fossatum, quod v. dicitur Belegrave (Gr.). 1209 S. 1, 129. an dem borgrabin. 1325 A. 2, 919. an deme burgrabin. 1310 B. 394. vffe deme diffin grabin. 1331 B. 622. an fern Jutten grabin. 1319 B. 493. offe dem seydilgrabin. 1315 B. 441. super smalergrabin. 1299 A. 2, 582.
grabere wege s. **wec.**
gracenbach s. **bach.**
gransmartererin s. **martererin.**
grascapht, grasebed, graseweg, grasechtin stucke s. **capht, bed, wec, stuck.**
grau. 860 J. 1, 101.
grazze. F. 2, 598. — for dem grazze. 1315 B. 441. zu grazze an der weide. 1325 B. 578.
grebel. offe grebele. 1298 A. 2, 560.
grendingen, ze. 1231 E. 162.
greuen eirdennider s. **nider.**
gridelere s. **holz, pad, wec.**
grimmebon s. **boum.**
grindesteter veck s. **wec.**
grozin lobe s. **loh.**
grube, gruoba. F. 2, 593.
for der grubin. 1310 B. 393. vndir den grubin. 1322 B. 541. — offe der dudengruben. 1316 A. 2, 776. di anwender offe der dunregruben. 1321 A. 2, 864. in Hengeresgruben. 1084 H. 1, 384. offer kelresgruben, in der kelrisgruben. 1305. 1315 B. 337. 438. in der laumgrubin. 1320 A. 2, 843. leimgrube. 1267 A. 1, 57. vffe leimgrubin. 1310 B. 377. an der leimgruben. 1314 A. 2, 750. an der leymgruben, leymgrubin. 1305. 1314 A. 2, 659. 748. limgruben. 1260 H. 2, 137. bi der leingrubin, of leingrube. 1322 B. 541. A. 2, 879. juxta leyngrube. 1317 A. 2, 806. in muchelgruben, of der mûchelgruben. 1305 A 2, 659. amme geren bi der neyngrubin. 1314 A. 2, 748. an der rade gruben. 1324 A. 2, 905. in der santgruben. 1287 A. 2, 416 in santgruben. 1307 A. 2, 679. an der santgrubin. 1310 A. 2, 710. vf der santgrube. 1315 A. 2, 771. an der schazgrubin. 1314 A. 2, 748. mons Sicengruven, Syzengrube. 1226. 1235 E. 141. 142. 177. vnder steingruben. 1295 A. 2, 518. vffe der steingruben. 1313 A. 2, 740. of der steyngrubyn. 1319 B. 502. in thie liofun gruoba

---

1) F. 2. 105 unser Ar. aus D. von 795.

(*Gr.*). 777 D. 60. werckegruben (*Gr.*). 1239
T. 2, 139. super wolfgruben. 1277. 1283
A. 1, 84. 2, 369. locus wolfgruben. 1313
A. 2, 745. in der woluisgruben. 1319 A.
2, 826. in der ysingrubin. 1323 B. 557.
grubenberg *s.* **berc.**
grun. arbor Salgrun (*Gr.*). 1239 T. 2, 139.
grun *s.* **acker, eich, widach.**
grund, grunt. F. 2, 608. — imme grunde.
1307 A. 2, 679. schussin (*zwischen*) den zueyn grundin. 1319 B. 493. in deme ecgrunde. 1295 A. 1, 210. in dem fronegrunde. 1315 B. 446. in den heckegrun, in heckegrunde. 1277 A. 1, 84. ruhegrunt. 1275 A. 1, 76.
gruntsant *s.* **sand.**
grundelin. imme grundeline. 1310 A. 2, 710.

grutzeberge *s.* **berc.**
gugenheimer wege *s.* **wec.**
gugherbac *s.* **bach.**
gummersheimer weg *s.* **wec.**
gunderamsgeseze *s.* **geseze.**
gunnesbach *s.* **bach.**
gunserweg *s.* **wec.**
guntheimerweg *s.* **wec.**
guntirsbumirwege *s.* **weg.**
gut *in* seli(e)gut. 1295 A. 2, 518. *s.* oben S.
gwanda *s.* **wande.**
gwelde. aqua communis amborum, quod teulonico verbo dicitur meingwelde. 1174 E. 29.
gyrsbuhele *s.* **buhil.**
gysenmunde *s.* **munde.**

H.

habu(e)hedal *s.* **tal.**
hachelhart *s.* **hart.**
hadereyda. 973 J. 1, 299.
haen *s.* **han.**
hagelcruce *s.* **cruce.**
hagen. hagana[1]) (*Grönzbach*). 816 J. 1, 57. in hagenche[2]). 1221 II. 1, 479. nemus wintershagen. 1225 E. 136.
hagen-brunno, busch, hougi *s.* **brunne, busch, houc.**
hagestaldesdal *s.* **tal.**
haha *in* in Lutenhaha (*Gr.*). 1012 C. 63.
halde, helde. F. 2, 668. — in der halden. 1299 A. 2, 582. locus dictus helde, an der halden, in der helden. 1305. 1306 A. 2, 658. 650. 663. an der helde. 1311 B. 399. — an dir dirhelde. 1291 A. 2, 472. in loco dicto Eiselhelde. 1291 A. 2, 474. Gizenhelden (*Gr.*). 646 J. 1, 9. locus Rinhelde. 1291 A. 2, 468 — pratum situm in Buchaldvn. 1268 U. 1, 209.
hainheimerberge *s.* **berc.**
hainenbusc, hainisbuzze *s.* **busch.**
haistal *s.* **tal.**
halbenmorgen *s.* **morgen.**
halfter. crummenhalfteren. 1299 A. 2, 574.
hallebrachus *s.* **brache.**
halswinde *s.* **winde.**

hamer, hammer *s.* **land, wec.**
han, haen, hen, hon. ofme haene. 1246 B. 49. imme, versus hen. 1315 B. 439. in hone. 1243 E. 145.
handal, hane(i)ndal, hanwisen, haniwesin, hanisfelt *s.* **tal, wise, veld.**
hang. in hange. 1280 A. 2, 331.
hannemanne *s.* **man.**
harrozen vel bircha, rubus. 1232 E. 167.
hargarde, harsnor, harsnur, harwege *s.* **garte, snor, wec.**
hart, hard, herd, F. 2, 670.
zu herde. 1311 B. 399. silva dye hart. 1316 D. 460. vf der hard. 1323 B. 557. gein der hart. 1334 B. 657 — vinea dicta der Bernhart. 1305 A. 2, 648. Birkunhart (*Gr.*). 1012 C. 83. Burgunthart[3]) (*Gr. ders. wie* Birk.). 773 C. 6. silvula cincelnhart. 1080 L. 1, 229. in cratzharte. 1331 B. 623. Eichesharte, Eichenesharte (*Gr.*). 773 C. 6. Englishart (*Gr.*). 960 J. 1, 267. hachelhart (*Gr*). 1221 H. 1, 479. mons Mamenhart[4]) (*Gr.*). 819 C. 21. Moldeshart[5]) (*Gr.*). 820 J. 1, 58. Mosahart, Moschart[6]) (*Gr.*). 773 C. 6.
hardebach, hartwise *s.* **bach, wise.**

---

1) F. 2, 628 *unser* Hagana. — 2) F. 2, 629 *ein* Hageneiche. — 3) F. 2, 334 *unser* Burg. — 4) F. 2, 977 *unser* Mam. *aus* D. — 5) F. 2, 1040 *unser* Mol. — 6) F. 2, 1046 *unser* Mosah. *aus* D.

hartelen. in Azenacher juxta hartelen. 1277 A. 1, 84.
harwesheimer marken *s.* **marke.**
hase(i)n *s.* **bere, spil, stuck.**
haslgeresrod *s.* **rod.**
hasllboyme *s.* **boum.**
haubit. in Kaltenbahhes haubit¹) (Gr.). 801 D. 165.
haue, haug *s.* **houg.**
haugwege *s.* **wec.**
hauebovme *s.* **boum.**
hauwe. ofleme hauwe, hawe. 1319 A. 1, 373.
hebelnborn *s.* **burn.**
hechisheimervelt *s.* **veld.**
hecke, hecge, hegge, hecca, heklin. apud beggam. 1254 A. 2, 134. bi der hecgen, Berloge by der hecge. 1296 L. 2, 821. hinder der hecken. 1298 A. 2, 422. retro heckin. 1291 A. 2, 464. hecke. 1302 D. 303. an, bi der becken. 1305 A. 2, 650. an der becken. 1310. 1319 A. 2, 710. 826. by der heckin. 1315 B. 441. — Hoenhecca (Gr.). 975 J. 1, 301. gen der holzeshecke. 1295 A. 1, 210. via Langinhecken. 1232 E. 166. vnder leydenhecken. 1297 A. 2, 553. zu leydehecken, zu leydeshecke. 1317 A. 2, 806. juxta pawinhecken. 1317 A. 2, 806. zu Redilhecke. 1291 A. 2, 472. in den steinbecken. 1310 A. 2, 710. — vf den heklin. 1323 B. 557.
heckegrunde *s.* **grund.**
hegirn. in Hegirn per fundum. 1261 A. 2, 178. *Dasselbe was* in Hougern ultra fundum *(Hechtsheim bei Mainz).* 1289 A. 2, 450.
heide. locus mittelinheidin. 1291 A. 2, 344 Richenheiden (Gr.). 646 J. 1, 9.
heideberge, heidinbrunnen *s.* **berc, brunne.**
heigelesbolla *s.* **bolla.**
heim, heym, helmer. F. 2, 638. — jn blimensheim. 1298 A. 2, 564. via heppilnsheim. 1281 A. 2, 346. zu westerheym. 1297 A. 2, 553. vinea in kesselheimere. 1231 E. 162.
heimenstrurid (Gr.). 960 J. 1, 267.
helmerwege *s* **wec.**
heinbach *s.* **bach**
heinrizes morgen *s.* **morgen.**

heisullare *s.* **wilar.**
helbellncwise *s.* **wise.**
helde, heidewege *s.* **halde, wec.**
helle. in der hellen. 1299 A. 2, 580. pomerium, quod dicitur Helle. 1264 S. 1, 340.
helmakes, helmex, an der helmakes, an der helmex. 1308, 1320 A 2, 690. 846.
hen, henloch', rode, stucke *s.* **han, loch, rod, stuck.**
henesbahc *s.* **bach.**
hengeresgruben *s.* **grube.**
hengist. vinea, quae v. appellatur schindehengist. 1206 E. 55.
hepplinsheim *s.* **heim.**
herbe. terra, quae v. Herbe dicitur. 1163 S. 1, 98.
herlee. imme berlee. 1315 B. 438.
herchelwise *s.* **wise.**
herd, herdebach *s.* **hart, bach.**
herebronnen *s.* **brunne.**
hergerwec *s.* **wec.**
heriradessnelda *s.* **snelde.**
herlisheim *s.* **wande. wec.**
hermansburne *s.* **burn.**
hersdal *s* **tal.**
herstege, herstraze *s.* **steg, straze.**
herteberge *s.* **berc.**
hes²). pratum, quod v. appellatur in deme Buchehes. 1273 B. 163.
heseln. vor der heseln. 1316 A. 2, 787.
hetzelenswisennlder *s.* **nider.**
hexheymere wege *s.* **wec.**
heyde-berge, bunden, heydentisch *s.* **berc, bunde, tisch.**
heyterdale *s.* **tal.**
hildeboldeshuse *s.* **hus.**
hilde(i)geresbrunno *s.* **brunne.**
hiluersheimerwege *s.* **wec.**
himmelberge *s.* **berc.**
hinder *s.* **berc, brunne, dreyse, holz, horwe, lache, wande, zun.**
hippelspurne *s.* **burn.**
hirneberge *s.* **berc.**
hirzesborne, hirtzwesen *s.* **burn, wise.**
honuelisa (Gr.). 820. J. 1, 59.
hocheimer marke *s.* **marke.**

---

1) F. 2, 346 *unser* houbit *aus* D. — 2) F. 2, 731 *ein niederd.* hees, *ags.* hëso = *mit Buschwerk bewachsene Gegend, mittellat.* hesia, heisa, sisia

hockehole s. **hol.**
hoddinbegge s. **begge.**
hoenberge, hecca s. **berc, hecke.**
hof, hob, hov, hoph. s. oben S. 13 und F. 2, 753 — silva hobe. 1131 E. 4. locus vf dem hofe. 1360 A. 2, 780. locus dictus inme capilhove. 1323 A. 2, 896. locus loscherboph. 1290 A. 2, 456. amme grasewege bi me fronehoue. 1291 A. 2, 472. bi dem vronehobe. 1308 A. 2, 690.
hofowe s. **ouwe.**
hogerwege s. **wec.**
hohe. vffe dem berkhohe. 1325 B. 578.
hoh, hohen s. **boum, buhil, rein, wande, warta, wec.**
hohelere. silva hohelere. 1303 B 314.
hohemerwege s. wec.
hol. Hockehole. 1157 J. 1, 662.
hol, holen s. **boum, rech, wande, wec.**
holder zu holder. 1324. 1325 A. 2, 905. 927. s. noch **dinkoldris, wechalder.**
holderbusche, stuche s. **busch, stuck.**
hollenberge s. **berc.**
holz, holcz. s. oben S. 13 und F. 2, 792. vor dem holcz. 1315 A. 2, 771. — silva abblsholz v. nominata. 1262 U. 1, 196. 197. Gridelere bolz, gridere holz. 1310 B 393. 394. an deme hinderholz. 1325 B. 575. for dem vbirholz. 1322 B. 543. Wizelere holz. 1310 B. 390.
holz s. **marke, wec, hecke.**
hon s. **han.**
honegsteine s. **stein.**
hoph s. **hof.**
horgehelmer wech s. **wec.**
hornberge s. **berc.**
horon[1]) (Gr.). 820 J. 1, 58. — an der horwe, in der hindirn horwe[2]). 1315. 1340 B. 441. 686.
horst, hurst. F. 2, 809. — locus dictus horst. 1305 A. 2, 658. super hursten. 1309 A. 2, 701.
horwe s. **horon.**
houc, hauc, haug, hog (Hügel). F. 2, 704.

locus houge. 1271 H. 4, 913. in den houg. 1281 A. 2, 310. super hauge 1297. A. 2, 541. in hauge. 1313 A. 2, 745. obewendic des haugis. 1320 B. 513. — tumuli Hagenboige, Hagenhougi (Gr.) 786 F. 2, 11. 3, 16. in thaz marchoug[3]) (Gr.) 777 D. 60. in thaz steininahoug[4]), in ein steininazbog, steinenhauc (Gr.) 777. 910 D. 60. 655. tumulus, qui dicitur Walineboug[5]), Walchinhoug, Welinehove (Gr.). 773 C. 6.
hougern s. **hegirn.**
houmbouch s. **bouch.**
houmene in Volpreteshoumese (Gr.). 975 J. 1. 301.
houwege wec.
hov s. **hof, garte, mur.**
hovegarte, houemuren, houewingarthen s. d. 2. W.
hoylirwege s. **wec.**
hube. s. oben S. 14. — zu hubin. 1279 A. 2, 317. der Megcztineshuben[6]). 1084 H. 1, 385. mansus v. dictus morickelis hube. 1325 B. 575. der Razmanneshuben[7]) 1084 H. 1, 385. an wideme hube. 1322 A. 2, 857. bi der wydenhuben. 1322 A. 2, 877.
hucken s. **straze, wec.**
hudesteden s. **stat.**
huettenbaumpaht s. **pad.**
hufernberge s. **berc.**
hulzwege s. **wec.**
hundert morgen s. **morgen.**
hundinesbach s. **bach.**
hundis s. **ganc, zel.**
hunenclingen s. **clinge.**
hunganzesweg s. **wec.**
hungerburnen s. **burn.**
hunreagkir s. **acker.**
huole in Pidirhuolon. 1136 J. 1, 544.
huotebohel s. **buhil.**
hupstucken s. **stuck.**
huspringa s. **sprinc.**
hurterodhe s. **rod.**
hurst s. **horst.**
hus s. oben S. 14 und F. 2, 809. — in campo, qui dicitur erthusen, erdhusum 1151 E. 15. ad bildeboldeshuse[8]) 1225 E. 136. zu meckenhusen[9]). 1310 A. 2, 710.

---

1) F. 2, 761 unser Horon und leitet es richtig von horo (Genitiv horawes) = Sumpf. — 2) F. 2, 761 Huriwen, Hurewin von horo. — 3) F. 2, 989 unser Marchoug. — 4) F. 2, 1303 unser Steininahoug. — 5) F 2, 1463 unser Walehinb. — 6) F. 2, 1012 unser Meg. — 7) F. 2, 1164 unser Raz. — 8) F. 2, 736 ein Hildebaldesbus, Hildeboldeshusun. — 9) F. 2, 966 verschiedene Mackan-, Mecchenhusen.

huser s. loch, rech, wec.
hutte. zu volechen bie der hutten. 1295.
A. 2, 517.

huttebule s. buhil.
hyppilspurne s. burn.

I. J.

ibernsheimerwege s. wec.
ibirmerin s. merin.
ideburnepade s pad.
igliesbuch s. buche.
ihrselanden s. land.
ingelnheymerewege s. wec.
inner s. ban, egel.
irregange s. gang.

isenheymerpade s. pad.
isnl. onme isal. 1320 A. 2, 846.
ischa (Gr.). 9:0 J. 1. 267.
jacobsweg s. wec.
johannisboym s. boum.
juche, vinea. 1222 G 2, 144.
iuruolin. 952 J. 1, 952.
juttengrabin s. grabe.

K. s. auch C.

kaldbacher studen s. stude.
kalkindayl s. tal.
kaltenbahhes haubit s. haubit.
kalvenberc s. berc.
kameruorst s. vorst.
kamirdin s. cameraden.
capht in grascapht. 819 C. 21.
karlebach s. bach.
kasenown s. ouwe.
katesberk s. berc.
katzenbornen s. burn.
kazzinstein s. stein.
kele. F. 2, 870. — an der kelin. 1318 B. 485.
keler in in Erskelre. 1325 A. 2, 927.
kelre(i)sgruben s. grube.
kelterstein s. stein.
kenelboyme s. boum.
kenpherwege s wec.
kern in via ririsburekern (Gr.). 1274 B. 2. 959.
kesselhelmere s. helm.
kies, kyes, kis, kys, kyseline. — locus dictus amne kycse. 1305 A. 2, 658. offe deme kise, an deme kysse, der kysse. 1312. 1315. 1340 B. 414. 434. 686. — locus

kyselinc. 1268 A. 2, 229. zo kysellingen. 1293 A. 2, 498.
kineicha s. eiche.
kippe(l)ndal s. tal.
kirch s. acker, anger, berc, morgen, steg, wec.
kirs s. berc, garte.
klingenbornen, klinhinburne s. burn.
knolle. amme knollen. 1314 A. 2, 748.
korz, s. rech, wande.
kozzolfes, locus. 1006 J. 1, 337.
kregenburnen s. burn.
kruckin s. cruke.
krum s. lache, wande, wec.
kucchinstat s. stat.
kukilstele s. steg.
kule. upme rode by der mergelkulen. 1286 L. 2, 821.
kumarke s. marke.
kunig, kuning s. puzze, vorst, wec.
kurwine s. wine.
kurz s. stuck, vrecht.
kymmel. in der kymmeln. 1322 A. 2, 876.
kyrsgarte s. garte.
kyselbuhel s. buhil.

L.

labbirindal s. tal.
lacha, lache, lachhe, lagghe. F. 2, 985.
 locus lach (Gr.). 1043 K. 78. in der

lachen. 1277 A. 1, 84. an der lachen. 1311 A. 2, 714. in der lachin, gen der lachen, by der lachen, an der lachin. 1317. 1318. 1320. 1323 B. 477. 485. 513. 557. pratum dy lache. 1324 B. 565. — in Astheimerlachen, an der Astheimer lachchen. 1277. 1295 A. 1, 84. 210. pratum in der bis lache, lachen 1289. 1303 A. 2. 435. 634. pratum Dredelachen. 1292 A. 2. 350. hinderlachen. 1316 A. 2, 785. an der krummen lagghen. 1305 B. 337. Marclaha[1] (Gr.). 773 C. 6. vinea scailachen. 1248 E. 239. an der lammerslagghen. 1305 B. 337. vffe tweren lachchen. 1295 A. 1, 210. in Walweslachen, zu Welzlachen nider. 1277 A. 1, 84.

lachbuocha, lachegewande *s.* **buche, wande.**

lahden *in* osterlahden. 1277. A. 1, 84.

lamme(l)rshelmer strazen *s.* **straze.**

lange. F 2, 896. — vfle der osterlange. 1320 A. 2, 845. an der osterlongen. 1293 A. 2, 502. offe somerlange. 1306 A. 2, 663. in westerlange, westerlangen. 1298. 1308 A. 2, 560. 692.

langoga. 952 J. 1, 254.

lang, lange(l)n *s.* **acker, hecke, mad, morgen, mudolf, nuze, pitere, rude, stein, strich, telg, vagghe, virst, wande, wata, widach, wise, wort.**

langesdorferpade *s.* **pad.**

lant, land. *s. oben S. 17 und* F. 2. 893. — in hamerlande. 1277 A. 1, 84. ad Ihrselanden[2] (Gr.). 773 C. 6. Paffenlant[3]. 1030 J. 1, 355. in pellant. 1227 E. 145. des sepheris landie. 1315 B. 438. zu, jn deme steinlande. 1298 A. 2, 564. in warlandin. 1299 A. 2, 560. in deme westerlande. 1306 A. 2, 663. — daz vzlende. 1321 B. 536. an der anlendere, hinder der nuwelendin. 1303. 1320 A. 2, 634. 839.

lanzen *s.* **rein, strud.**

laumgrubin *s.* **grube.**

lechelin. an der mannislechelin. 1305 B. 337. *s.* Enecfegghelin.

lee *in* imme herlee. 1315 B. 438

leheymeren morgen *s.* **morgen.**

leimgrube, leingrube *s.* **grube.**

lende *s.* **lant.**

lentenbornen *s.* **burn.**

lenzen. vnder lenzen. 1292 A. 2. 488.

lere *in* silva **hohelere.** 1303 B. 314.

lerkelnbohele *s.* **buhil.**

lettInburnenerdin *s.* **erde.**

leyblrsheymer wege *s.* **wec.**

leyde(n,n)hecken *s.* **hecke.**

leym, leymen *s.* **grube, tal.**

leyngrube *s.* **grube.**

libbusch, libenberc *s.* **busch, berc.**

licken. an der lickene. 1310 B. 392.

lidersndonowe *s.* **ouwe.**

liebmannis mule *s.* **mul.**

limgruben *s.* **grube.**

linboldesdal *s.* **tal.**

linde. F. 2, 923. — locus, qui dicitur vnder lindum. 1275 U. 1, 213. in der naslinden. 1308 A. 2, 691.

lindinauuinca (Gr.). 816 J. 1, 59.

lininger weg *s.* **wec.**

lintal, lintbrunnen, lintlnea see *s.* **tal, brunne, se.**

liring vinea. 1231 E. 162.

lirkelberg *s.* **berc.**

loch, locch. F. 2, 947. *s.* **luche.**

loch strata, loch via. 1147 J. 1, 608. II. 1, 183. Drunsloch (Gr.). 1196 S. 1, 115. collis Catzenloch. 1112 A. 2, 3. in douvelsloche. 1291 A. 2, 472. pratum eynloch[4], zu me einlohe. 1323. 1324 B. 557. 565. an fuslochern. 1293 A. 2, 502. an dem foslocha. 1320 A. 2, 839. vf, vnder den voyslochere. 1313 A. 2, 741. vnder den wsloccheren. 1293 A. 2, 499. in vohenloch. 1319 A. 2, 821. Ginnesloch[5] (Gr.). 773 C. 6. henloch. 1327 B. 589. in der huserloche, imme huserloche. 1308. 1320 A. 2. 690. 846. in deme ruzzeloche. 1277 A. 1, 84. in sohenloche (vohenloche?). 1307 A. 2, 679. rupis Sperberloch (Gr.). 1253 U. 1, 179. an deme vineris loche. 1305 B. 340. urloch. 1305 B. 341. Wallesloch (Gr.). 1196 S. 1, 115.

loen. an der loen. 1305 B. 337.

loh, *vgl.* **loch.** — by deme lohe. 1318 B. 485. offe deme grozin lohe. 1312 B. 414. schuschin den lohin. retro den nydern lohin. 1315 B. 446.

---

1) F. 2, 969 *unser* Morcl — 2) F. 2, 741 *unser* Irselanden. — 3) F. 2, 1119 *unser* Paf. — 4) F. 2, 464 *ein* Einlohun. — 5) F. 2, 578 *unser* Gin.

lorzwilre wege *s.* wec.
löscherhoph *s.* hof.
loubirindal *s.* tal.
loubwisa *s* wise.
lowege *s.* wec.
luche, lucher. zu oberesterluchen. 1314 A. 2, 748. vineae particulam sitam zen lüchere. 1231 E. 162. *s.* loch.
lurwilre wege *s.* wec.
lusingo¹). 880 J. 1, 102.

lutenhaha *s.* haha.
lutzel, lutzil, luzel, luzzel *s.* bach, pad, tal, veld, wise.
lutzenmorgen *s.* morgen.
luz, luzze, luszhe. Lozs. Sm. 2, 504. —. in den luzen. 1307 A. 2, 679. in der luzzen. 1308 A. 2, 692. an der luzze. 1320 A. 2, 839. in den luszhen. 1318 A. 2, 821.
luzcilllnder wech *s* wec.
luzzenreine *s.* rein.

M.

madalbergostraza *s.* straze.
mad. *s. oben* S. 19 und F. 2, 252. 964. — zu lungenmaden. 1277 A. 1, 84. prata blidgeringmad. 796 L. 1, 8. *s.* gemat.
malscum. ad montem Malscum (*Gr.*). 1012 C. 83.
mamenhart *s.* hart.
man. zu Hannemanne (*Feld*). 1298 A. 2, 517.
manegoldescellam *s.* celle.
mannendal *s.* tal.
mannislechelln *s.* lechelln.
manschende. apud manschende, an manschende. 1261 1306 A. 2, 185. 668.
manschin, an dem. 1324 A. 2, 903. *Mondschein?*
maraubach *s* bach.
marke, marche, marc. *s. oben* S. 19 und F. 2, 997.
  in marke. 1261 A. 2, 178. an der marken, an der murchan. 1308. 1310 A. 2, 690. 710. bi der marke. 1320 A. 2, 846. — an Bertholdesheimer marken. 1304 A 2, 642. an Bibelnheimer marke. 1304 A. 2, 642. an Bockenheimer marken. 1307 A. 2. 670. Dalsheimer marke. 1308 A. 2, 691. an Egelsheymer marke. 1310 A. 2, 710. Eslengerugeromarkun (*Gr.*). 960 J. 1, 267. an Eychenlucher marken. 1322 A. 2, 879. an der Harwesheimer marken. 1289 A. 2, 433. in Hochheimer marke. 1292 A. 2, 489. in holzmarcu²). 816 D. 317. amne hollzmarche. 1319 A. 1, 373. in der kumarke. 1319 B. 493. an Nittinsheimer marke. 1299 A. 2, 582. versus Pedernsheimer marke, an Pedernbeimer marken, an Pederns-
heymer marc. 1297. 1307 A. 2, 541. 679. Peligero marken (*Gr.*). 960 J. 1, 267. an der stebinsmarke. 1310 B. 394. an Sultzer marke. 1309 A. 2, 692. an Winheimer marke. 1314 A. 2, 750. an Wintherheymer marke. 1310 A. 2, 710. an der Zornheimer marken. 1325 A. 2, 927.
marchoug, marclacha, marstein *s.* houc, lache, stein.
marienwingarthen *s.* garte.
marisburas *s* bure.
martbach *s.* bach.
martererin. pratum, quod dicitur Gransmarlererin. 1286 U. 2, 311.
masche³) (*Gr.*). 960 J. 1, 267.
masbohel *s.* buhil.
mattenuueg *s.* wec.
mauresberk *s.* berc.
meckenhusen *s.* hus.
medenboele *s.* buhil.
megzilineshuben *s.* hube.
melgelenbrucken *s.* brucke.
meilleburne *s.* burn.
meinzerwege *s.* wec.
melboum *s.* boum.
meller. silva Mellere⁴). 762 J. 1, 18. an dem meller. 1320 A. 2, 839.
melpechere pade *s.* pad.
mencebach *s.* bach.
menczendale *s* tal.
mennellnesgartden *s.* garte.
mentzer, menser *s.* straze, wec.
merelebach *s.* bach.
mergestader *s.* veld, wec.
mergel, mirgel. *s. oben* S 20. an dem

---

1) *Deutsch oder keltisch?* — 2) F. 2, 797 *unser* holzmarca. — 3) F. 2, 998 *ein* Masschen. — 4) F. 2, 1014 *unser* Mellere.

mirgele. 1312 B. 414. vnder der mergelin. 1313 A. 2, 741.
mergelkule *s.* **kule.**
merin. juxta dy ibirmerin. 1324 D. 565.
merleymont. 1136 J. 1, 544.
mers, mersch, mersh, mersz. (*Morast.*) — pratum, quod dicitur Mersch. 1139 P. 233. in dem mersch, bi dem mersh. 1307 A. 2, 676. in dem mersche, mersz. 1317 A. 2, 806. pratum mersch. 1320 A. 2, 637. in deme mersche. 1321 A. 2, 856. — inme nidermerse, in deme nideren mersche. 1289. 1311 A. 2, 435. 716. — gein obern morse, zu neyder morser. 1313 A. 2, 741.
messela. 1277 A. 1, 84.
mettensberge *s.* **berc.**
metthenhelmer wege *s.* **wec.**
metthilde stuche *s* **stuck.**
meyleborne *s.* **burn.**
michel, michil *s.* **buche, ried, tal, veld.**
mimelingen. in Mim.¹) (*Gr.*). 819 C. 21.
mintzilsbaum *s.* **boum.**
mittel, mitdel, mitdil, mithel *s.* **berc, gaze, heide, pad, ried, veld, wande, wec.**
mockerstalle *s.* **stal.**
molbach, molborn *s.* **bach, burn.**
moldeshart *s.* **hart.**
molen, molin *s.* **berc, wec.**
moresberk *s.* **berc.**
morgen, morgin. *s. oben* S. 20.
an den drien morgen. 1313 A. 2, 741. dnale, quod dicitur elfinorgen. 1297 A. 2, 541. vf der muniche hundert morgen. 1313 A. 2, 741. schuschen der Leheymeren siben morgen. 1314 A. 2, 758. an den zweyn morgen, in den zwenzic morgen. 1313 A. 2, 740. 741. an der halbenmorgen. 1311 A. 2, 722. — juxta amnültmorgen. 1308 A. 2, 691. der crumme morgin. 1324 B. 565. dylenmorgen. 1325 A. 2, 927. gein Heinrizes morgen. 1310 A. 2, 710. juxta kirchenmorgen, vffe der kirchen morgen. 1297. 1298 A. 2, 541. 564. der lange morgin. 1311 B. 399. an den lutzen morgen. 1305 B. 337. der Ozzillin morgin. 1324 B. 565. rormorgin. 1327 D. 589. bi dem schonen morgen. 1310 A. 2, 710. dy spitzemorgene. 1325 A. 2, 927. ab illo iurnali, qui dicitur svmorgen. 1248 A. 2, 108. Walthers morgen. 1297 A. 2, 541.
morickells hube *s.* **hube.**
mors *s.* **mers, veld.**
mortere. silva, quae dicitur Mortere. 1139 O. 233.
morterveld, mortwek *s.* **veld, wec.**
mosebach, burch, hart *s.* **bach, burch, hart.**
muchelgruben *s.* **grube.**
mudolf. vffe dem mudolfe, der lange mudolf. 1310. 1320 B. 390. 513.
mughe. in der mughen. 1316 A. 2, 790.
mul, mule, müle. F. 2, 1050. — gegen der mulen. 1298 A. 2, 560. an der mulen. 1313 A. 2, 741. — versus Ezelmulen, an der Ezzelmulen. 1293 A. 2, 498. 502. — molendinum v. dictum Liebmannis mule. 1234 U. 1, 156. molendinum quatmul. 1321 A. 2, 863.
mule, mulen, *s.* **bach, stuck, wec.**
mulde. in der mulden, vffe der mulde. 1320. 1322 A. 2, 846. 876. — in der vahm mulde. 1327 B. 589.
munde. F. 2, 1059. — zu Gysen munde. 1273 A. 2. 261.
munech, munich *s.* **acker, stuck, veld.**
munitat (*Gr.*). 819 C. 21.
münster. 1055 J. 1, 398. — F. 2, 1059.
muntwisen *s.* **wise.**
murcwisen *s.* **wise.**
mur, muor. F. 2, 1041. (*Moor.*) Mure (G). 975 J. 1, 301. ad murum, qui v. vocatur bruel. infra murum, que dicitur briel. 1018. 1222 L. 1, 151. 152. 2, 102. aestuarium dictum zu odeberen muren. 1302 A. 2. 615.
mur. (*Mauer.*) of der muree. 1231 E. 162. an der houemuren. 1310 A. 2, 710.
musa²) (*Gr.*). 773 C. 6. — in Musabe (*Gr.*). 921 C. 65.
musbach *s.* **bach.**
muschelpade *s.* **pad.**
muschinbeymir berge *s.* **berc.**
muttirsteders wiese *s.* **wise.**

---
1) F. 2, 1031 *unser* Mim. — 2) F. 2, 1064 *unser* Musa.

N.

nacheymersbrucken s. brucke.
nachtschaden s. schaden.
nan, naz s. linde, rein.
nauhelmer s rein, wec.
neneistendale s. tal.
netanyden s. sneide.
neyder morser s. mers.
neyngrubin s. grube.
nider. mhd. die niedere Zu. = Niederung.
— zu preuen eirdennider, zu helzelens
wisennider, zu Welzlachen nider. 1277
A. 1, 84.
nider s. dorf, mers, veld, vore,
wande, wec.
nirlsburckern s. kern.
nittinsheimer marke s. marke.

nolle, der. 1312 D. 414. Berggipfel.
nollenbochele s. buhil.
nordolfisheymer wege s. wec.
nortwisen s. wise.
nuen, nun, nuwe, nuwen s. land,
rod, sat, wec, wise.
nusbome, nussewege s. boum,
wec.
nuze, nuzze, nuhze. F. 2, 1100 nuz
= Nusz. — vinea in loco, qui v. cen
Nuzen dicitur. 1245 A. 2, 99. an den Nuh-
zen. 1305 B. 337. zu den langen nuzzen.
1308 A. 2, 690.
nuzburnen, nuzepade s. burn,
pad.
nyder, nyderst s. vore, wec.

O.

ober, obir, oberest, oberst s ach,
bere, dorf, holz, lucke, mers,
stuck, tal, veld, wec, wise.
obinhelmer tal s. tal.
ocenberge s. bere.
ochsenwaser s. waser.
odeberen s. mur. (odevare, udebero
= Storch?)
odenburne s. burn.
odernhelmer weg s. wec.
offsteiner wege s. wec.
olmerberge s. bere.
opperenbach s. bach.
ossinfleckin s. flecke.
oster, ostir, oester, s. lahden,
lange, veld, vore, wande, wise.

osthouir wege s. wec.
ouwe, owa, owe, auwe, awe. F.
2, 145. — in der auwen. 1307 A. 2, 679.
in de auwe, in der auwe. 1316. 1319 B.
457. 493. in der awe. 1320 A. 2, 846. —
nemus dictum der frauwenuwe. 1316 A.
2, 791. pratum hofowe. 1261 A. 1, 48.
Xasenowa[1]) (Gr.). 773 C. 6. Lidersadou-
owe[2]). 975 J. 1, 301. Steinfurtowa, Stein-
vortowa[3]) (Gr.). 773 C. 6.
oven. zen calcovene. 1231 E. 162.
overwesen s. wise.
ouinzeil s. zel.
ozzillin morgin s. morgen.

P.

pad, pat, path, phat, phad etc.
F. 2, 1121.
der phat. 1333 D. 636. — an Baden-
heimere pade. 1291 A. 2, 472. vbir den
bedelere path. 1311 B. 399. an deme Buts-
bechere pode. 1331 B. 622. in deme dal-

pade. 1304 A. 2, 642. an Disenheimer
pade. 1314 A. 2, 750. Eberstadir path.
1312 B. 414. via eselpadt (Gr). 1221 II. 1,
479. juxta fisshepaden an der genseweyde.
1294 II. 2, 243. Geroldisphad[4]). 794 F. 2.
an deme Gridelere pade. 1315 D. 441. via

---

1) F. 2, 869 unser Kas. — 2) F. 2, 920 unser Lid; er schreibt mir aber nach einer
ihm gewordenen Berichtigung: es muss Liders, Adonowe heissen, d. h. die beiden Orter Ober-
hers und Adenau westlich von Coblenz. — 3) F. 2, 1303 unser Stein. — 4) F. 2, 558 ein
Geroldisphad.

huettenbaumpahl, 1310 A. 2, 787. an Ideburne pade. 1321 A. 2, 864. an Isenheymer pade. 1310 A. 2, 710. an deme Langesdorfer pade. 1334 B. 657. amme luzzelpadde. 1297 A. 2, 546. versus Melpechere pade. 1319 B. 491. vinea mittelpad, an dem mittelpade. 1306. 1324 A. 2, 672. 906. offe den muschelpade. 1295 A. 2, 515. offe nuzepade 1306 A. 2, 663. apud paffenphade, paffenpat, paffenpot 1292. 1293 A. 2, 498. 489. 502. an deme palfinpade. 1325 B. 575. vbir den reinmulinpath. 1311 B. 399. semita rennephat, rinuepat. 1131 E. 4. 5. semita Rennephadt, Rennephat (Gr.). 1196 S. 1, 115. an dem Scornishemer pade, vffe Scornisheimer pade. 1305 A. 2, 650. juxta Wolheimerpade. 1316 A. 2, 785. in werlespade. 1227 E. 145. in Weynolsheimer pade. 1317 A. 2, 806. an deme Wezelle, Wezelis pade obenwendeck yleos. 1303 A. 2, 634. apud zocherpade. 1281 A. 1, 336.

paffen, paffin *s.* **geren, land, pad, tail, wec, wise, yme.**

pal, pail. *Pfahlgraben.* — silva pail, fore dem pale. 1315 B. 441. amme rudelspale. 1306 A. 2, 670. an Rudingespale. 1297 A. 2, 553.

pawinhecken *s.* **hecke.**

pedernheimer, petdernsh. marc *s.* **marke.**

peffilkeimer wege *s.* **wec.**

perrich *in* vffe dem stulperrich. 1295 A. 1, 210. stuperrich. 1277 A. 1, 84.

petigeromarkun *s.* **marke.**

phaffen, phaffin, phaphen *s.* **bere, garte, stein, wec.**

phuselwegke *s.* **wec.**

pidirhaolen *s.* **huole.**

pitere *s.* **pitteren** *S.* 22.

plencer, plentzer. iurnales, qui dicuntur plencere. 1205 L. 2, 16. zu plencerin. 1289 A. 2, 439. vineae plentzere an der bergstrazen. 1316 A. 2, 776.

pliechten *s.* **flieten.**

polenbach *s.* **bach.**

pol, poll. F. 2, 1130 pfnol, pòl == *Pfuhl.* offe den polen, pollen. 1320 A. 2, 856.

pulacker, puztagger *s.* **acker.**

puzze. *Sumpfland,* zu puzze. 1304 A. 2, 642. centbuzzi (Gr.). 816 J. 1, 57. in kuningis puzze. 1217 L. 2, 66.

Q.

quatbach, quatmul *s.* **bach, mul.**

R.

racihinesbach *s.* **bach.**

rad, rat. offe dem Rade. 1303 A. 2, 624. an den raderen. 1319 B. 491. — pratum Bildral. 1226 E. 143.

rade, raden *s.* **grube, teich, wec.**

ramesberg *s.* **berc.**

ranstal *s.* **tal.**

raprechtis wege *s.* **wec.**

ratmansborn *s.* **burn.**

ratpretesrothe *s.* **rod.**

rauchweg *s.* **weg.**

razmanneshuben *s.* **hube.**

rech, rich, richch, riech, rych *Rech, Rain.* — offe deme Riche bi meyleborne. 1291 A. 2. 472. anme richche. 1299 A. 2, 574. vnder dem riche. 1315 A. 2, 771. vineae dictae zu ryche. 1317 A 2, 800. — zu Adamsreche. 1313 A. 2, 741. vfme holin riche. 1310 A. 2, 710. huser Rich. 1295 A. 2, 518. vfme huse riche. 1308 A. 2, 690. ame korzen rieche. 1310 A. 2, 710. vnder deme santreche. 1313 A. 2, 741. super Sunderich. 1293 A. 2, 498. gegen Welligesriche. 1310 A. 2, 710. in woluisrech. 1313 A. 2, 741.

rechenstul *s.* **stul.**

redilhecke *s.* **hecke.**

rein, reyn. — vffe dem reino, of dem reyne, 1310 B. 377. 381. offe dem Reyne. 1323 A. 2, 898. vnder der reynen. 1314 B. 658. — in burgerereine. 1261 A. 2, 176. in loco crechenreine. 1284 A. 2, 383. bi crucereine. 1291 A. 2, 472. zu boheinreine. 1304 A. 2, 642. zu lanzenreine. 1304 A. 2, 644. zu Luzzenreine. 1299 A. 2, 582. an deme Nauheimer reine. 1277 A. 1, 84.

amme nazzen reyne. 1297 A. 2, 553. vffe
stegereyne. 1316 A. 2, 785. vnder dem virreyne. 1325 A. 2, 927. amme vor Reine.
1269 A. 2. 237. an willenreine, am wellinreine. 1321. 1322 A. 2, 864—887. amme
wisinreine. 1321 A. 2, 864.
reinmulinpath *s.* **pad.**
rennephat, rennephadt, rennewech *s.* **pad, wec.**
rennolfessol *s.* **sol.**
reonga. in Reonga (Gr). 773 C. 6.
retwech *s.* **wec.**
rezelinisbrunnen *s.* **brunne.**
richenheiden *s.* **heide.**
richgeressneitten *s.* **sneide.**
richwinlszele *s.* **zel.**
rid, rit, rieth, ryt, ruet. F. 2, 1192.
Ried und Rod. — offa dem ride. 1135 E.
178. locus dictus ryt. 1305 A. 2, 658. jugerum imme grunda dictum ruel. 1307
A. 2, 679. — in benzenrit. 1307 A. 2, 679.
gein dem clein ride. 1307 A. 2, 676. per
Michilinrieth [1]) (Gr.). 921 C. 65. in dem
mitheldriethe. 1307 A. 2, 676. vinea Steinrieth. 1165 C. 157. juger scuride. 1305 A.
2, 650 (*hierher?*).
ridebirge, riderberge *s.* **berc.**
rincwison *s.* **wise.**
rinderweige *s.* **weige.**
rin *s.* **heide, wande, wec.**
ringrebinerde *s.* **erde.**
rinnenstein, rinnepad, rinnewege *s.* **stein, pad, wec.**
rintbrucke *s.* **brucke.**
risnch (*Reisich*). silva Adelheiderisach.
1258 U. 1, 185.
rit *s.* **berc, buhil, flur, tal, wec, wise.**
riz. offa daz fohinriz. 1318 B. 485 *Rütsche.*
rocham. ad Rocham (Gr.). 773 C. 6.
reckenheymer borne *s.* **burn.**
rod, rodh, rot, roth, rott. F. 2,
1192. — in novo rure rode. 1151 E. 15.
upme rode. 1286 L. 2, 821. in rodde. 1312
B. 414. an der rode. 1315 B. 439. in rodin.
1322 B. 541. in den rodirin. 1323 B. 557.
— Aganrod (Gr.). 773 C. 6. Arnoldesrot
(Gr.). 1221 H. 1, 479. Beiresrothe (Gr.).
960 J. 1, 267. Biscoffesrod [2]) (Gr.). 1006 J.
1, 337. locus Botenrott (Gr.). 1196 S. 1,
115. hinder breydenrod. 1281 A. 2, 340.
an delin rode. 1315 B. 441. Hasigeresrod [3])
(Gr.). 850 J. 1, 86. benrode. 1327 B. 589.
in burlerodhe. 1217 L. 2, 66. ze nuenrode.
1231 E. 162. an deme nuwenrode. 1323
B. 557. Ratpretesrothe (Gr.). 960 J. 1, 267.
Rupenrode. 1157 J. 1, 662. Watzelenroth.
1235 E. 178. recherot [4]). 1236 E. 182.
rodelinheimersweg *s.* **wec.**
roden, rodin *s.* **bach, berc, stein.**
romuldiswege *s.* **wec.**
ror *s.* **morgen, wise, zun.**
rosindragere *s.* **drager.**
rot, rote, rotin *s.* **albe, bach, land.**
roydenberge *s.* **berc.**
rubecheren *s.* **becher.**
ruben, rubin *s.* **burn, stuck.**
rudal *s.* **tal.**
rude *s.* S. 24. — in den langen ruden.
1303 A. 2, 634.
rudelspale, Rudingespale *s.* **pal.**
ruebin wege *s.* **wec.**
ruet *s.* **rid.**
rugesweech *s.* **wec.**
ruhe, ruhen *s.* **berc, grund.**
runder steyge *s.* **steg.**
runse. in der wazzerrunse. 1308 A. 2,
691. vndene an der wassircunsse (*l. wassirrunsse*). 1281 A. 2, 347.
rupen *s.* **busch, erde, rod.**
ruprecheswege *s.* **wec.**
russeprunge *s.* **sprinc.**
rutal *s.* **tal.**
rutbrehtesbruel *s.* **bruel.**
ruzenbach *s.* **bach.**
ruzeren. juxta Ruzeren. 1315 B. 439.
ruzzeleche *s.* **loch.**
ryt *s.* **wec, wise.**

---

[1]) F. 2. 1026 *unser* Mich. — [2]) F. 2, 247 *ein* Biscopesroth. — [3]) F. 2, 691 *unser*
Has. — [4]) Graff 5, 584 Zechenrode.

S.

salgrun s. **grund.**
salzbrucken s. **brucke.**
sand, sant. F. 2, 1221. — off dem sande.
1320 A. 2, 839. vfme sande. 1323 R. 557.
ortus gruntsant (Gr.). 1239 T. 2, 139.
saneveld s. **veld.**
sant s. **grube, rech.**
sarsstrumpel s. **strumpel.**
sassinwech s. **wec.**
sat, satz, seze, setze, sezze, sezeling, geseze. locus Nuwesat.
1264 A. 2, 205. im nuensaize¹). 1308 A.
2, 692. juxta storensalz. 1299 A. 2, 580.
— imme sezze versus Renum. 1283 A. 2,
369. si (die Morgen) zibint offe die seze.
1303 A. 2, 634. locus dictus in den setzen.
1316 A. 2, 794. infra vzerselzen. 1307 A,
2, 679. — amme sezelinge. 1266 A. 2,
214. — silva Gunderamsgeseze. 1269 U.
2, 118.
saweinhei(y)mer s. **brucke, bruel, straze, wec.**
scarlachen s. **lache.**
schaden. den jnre morgen an deme
nachtschaden. 1297 A. 2, 553.
scharegeren s **geren.**
schazgrubin s. **grube.**
schegelere buhele s. **buhil.**
scheide, scheit, sceit. F. 2, 1237. —
of dem scheidu. 1313 R. 418. mons Buchenscheit (Gr.). 1196 S. 1, 115. mons Frinescheit (Gr.). 1170 S. 1, 101. Spethescheit
(Gr.). 1170 S. 1, 101. Tegensceit. 693 J. 1, 125.
schelmelin, zu. 1313 A. 2, 741.
scheudeberch s. **bere.**
scheydewege s. **wec.**
schibeleche stucke s. **stuck.**
schindehengist s. **hengist.**
schlagwege s. **wec.**
schneppenbach s. **bach.**
schon, scon s. **morgen, bere.**
sclusunbach s. **bach.**
scornishe(ei)mer s. **pad, wec.**
scricchin s. **strich.**

scure, scura. F. 2, 1247. scùra ==
Scheuer. — bunda, quae scura vocatur.
1147 H. 1, 184. Engelmannescuren (Gr.).
646 J. 1, 9.
se, see. F. 2, 1253. — in sewe, zu sewe.
1293. 1304 A. 2, 499. 642. — der eggilse.
1324 B. 565. in then lintinon seo³) (Gr.).
777 D. 60. wydinse⁸). 1332 B. 626.
seacker s. **acker.**
segarsbundin s. **bunda.**
sell. Fredeberti seilen (Gr.). 646 J. 1, 9.
selewingart, sellgut, selserberge s. **garte, gut, berc.**
semide (Binse). in den semidin. 1323
B. 557.
sepheris laudis s **land.**
serbizackir s. **acker.**
seydilgrabin s. **grabe.**
seze, setze, sezze, sezeling s.
sat.
sicen s. **grube, tal.**
sife. rivus vinstersife (Gr.). 1274 H. 2, 959.
sinzenvelt s. **veld.**
slad. Ausgerodete Waldfläche. F. 2, 1273. —
versus der, vbir den, by demen slade.
1311 U. 399.
slag. Szerdesslegen (Gr.). 960 J. 1, 267.
s. oben S. 26 slege.
sleht, slit, slycht. mhd. die slihte ==
gerade Fläche. — vinea sita of slethe.
1301 A. 2, 604. offe, in der slehte. 1306
A. 2, 663. offer slitem (l. sliten). 1311 A.
2, 722. supra slychten. 1295 A. 2, 517.
sleid. Deofansleid⁴) (Gr.). 816 J. 1, 37.
sleifi. snesleifi, snesleiphi, clivus nivalis
(Gr.). 1095 1125 U. 1, 1. 12.
sleyfwege s. **wec.**
slidewege s. **wec.**
slitem s. **sleht.**
slozil, sluzzil (Ackerstück, wie ein Schlüssel). der sluzzil zu deme wartbauyme, der
slozil. 1311. 1315 B. 399. 441.
smal s. **eihahl, grabe.**
smalz. in campo Smalz. 1316 A. 2, 787.

---

1) F. 2, 1089 *ein* nuiseze, nuuisazi. — 2) F. 2, 927 *unser* lint, *von* linda == *Linde.* —
3) F. 2, 1514 *ein* Widinon seo, Widinsio *von* wida == *Weide*. — 4) F. 2, 422 *hält* Deofansleid
für falsch und liest Deofansceid.

smide. In somirflore bi dir smidin. 1269
A. 2, 237.
smypte. an der smyptin (smittin?) 1310
A. 2, 710.
sneide, sneitte, snyde. F. 2, 1291. —
in Albuvinessneitta, Albwiuesneida¹) (Gr.).
773 C. 6. Heriradessneida²) (Gr.). 1006 J.
1, 337. supra Richgeressneitten³) (Gr.).
819 C. 21. zu netsnyden. 1320 A. 2, 846.
sneitbahe, sneitbach s. **bach.**
snor, snur. juger dictum harsnor. 1310
D. 381. ager, qui dicitur harsnur. 1307
A. 2, 689.
snowe, vinea. 1165 C. 157.
snylzen. In der snylzen. 1327 A. 2, 877.
sod. F. 2, 1256. — in sode. 1320 A. 2, 843.
sodirweg s. **wec.**
sohenloche s. **loch.**
sol. F. 2, 1283 (*Kothlacke*). — imme sole.
1323 B. 557. breittensol (Gr.). 819 C. 21.
In einsol⁴) (Gr.). 777 D. 60. Nennolfessol
(Gr.). 773 C. 6. Suarzensole (Gr.). 943
J. 1, 241.
sollin bohele s. **buhil.**
soltzheimere wege s. **wec.**
somerlange s. **lange.**
sora rivus (Gr.). 1198 S. 1, 115.
spalchingen vallis (Gr.). 1253 U. 1, 179.
spalden (Gr.) 646 J. 1, 6. *Felspalt, enges Thal.*
spannall, vfflne. 1320 A, 2, 846.
specbunden s **bunde.**
spensheimer straisze s. **strasze.**
sperberloch, sperwerswise s. **loch, wise.**
spethescheit s. **scheide.**
spil. amme hapinspila. 1323 B, 557.
spilberge, spillinbauymeris wege s. **bere, wec.**
spiz, spitze. der spiz. 1310. 1327 B. 393.
589. vinea, quae spitze vocatur. 1291 A.
2, 468.
spitz s. **morgen, vrechte.**
spizeswingardin s. **garte.**
spizzheimer wege s. **wec.**
spor. zu varsporin. 1290 A. 2, 455. vinea

ze stegen, quae clingilspore publice nominatur. 1253 L. 2, 399.
sporgheimer wege s. **wec.**
spreyde. mhd. spreide = *Gesträuch.* for deme spreyde. 1315 B. 441.
sprinc, spring, sprong, sprung. F. 2, 1291. — zu springin. 1315 B. 441.
an dem drappenspronge. 1325 A. 2, 927.
Hura, Hurspringa (Gr.). 816 J. 1, 57. an deme russepruonge (l. ursprunge?). 1321
A. 2, 865. in den ursbrinc⁵), ursprinc (Gr.).
1095. 1125 U. 1, 1. 12. — gespringun.
948 L. 1, 103.
springerwege s. **wec.**
stafel, staffel. an der sthafeln. 1320
A. 2, 839. — in deme walestaffele. 1306
A. 2, 663 in der wanstaffelen, in der wanstafeln. 1308. 1302 A. 2, 690. 846.
stahelbule s. **buhil.**
stal. F. 2, 1305 stal = *Stall, Stelle.* —
vinea dicta zu stalle. 1325 A. 2, 922. imme mockerstalle. 1314 A. 2, 748.
stalbach s **bach.**
stange. F. 2, 1307. — locus dictus ze den stangen vnder den stegen situs. 1314 S. 1, 500.
stat, stede. F. 2, 1292. — Derstat, freilstal. 1277 A 1, 84. pratum dy kucchinstat. 1324 B 565. — in der cinstede. 1309 A. 2, 701. an hudesteden. 1297 A. 2, 553.
stebinsmarke s. **marke.**
steechendenbere s. **bere.**
stedeburne s. **burn.**
steg, stele, steig, steyg, stieg, stigelin. F. 2, 1311. — vinea ze stegen, quae clingilspore publice nominatur. 1253 L. 2, 398. super ascensum dictum steyge. 1299 A. 2, 439. super stege. 1299 A. 2, 582. vf der steygen. 1310 A. 2, 710. mons an der steyge. 1312 A. 2, 727. locus dictus ze den stangen vnder den stegen situs. 1314 S. 1, 500. byme stege. 1315 B. 441.
— an Criebesheimer stege. 1307 A. 2, 679. locus Eselosteiga (Gr.). 1196 S. 1, 115. super harstege. 1307 A. 2, 679. kirchstieg (Gr.). 1104 H. 1, 35. kukilsteic. 1277 A. 1, 84. dy runder steyge. 1325 A. 2, 927.

---

1) F. 2, 50 *unser* Albuv. — 2) F. 2, 684 *unser* Her. — 3) F. 2, 1178 *unser* Richeressn.
— 4) einsol *soll nach* F. 2, 1284 *kein Name sein, in der Urkunde soll stehen:* inde in ein
sol. — 5) F. 2, 1447 *unser* Ursprinc.

8

— vinea, quae v. dicitur ein zueideil an der stigelin. 1268 A. 2, 229.

stegereyne s. **rein.**

stein, steyn, sten, stenen, steinlin. F. 2, 1298. — vndir deme steyne. 1305 B. 340. zu steine. 1309 A. 2, 701. in lapide, juxta lapidem. 1269 A. 2, 247. — an Appinheymer steyne. 1295 A. 2, 518. locus Breitenstein[1]). 1196 S. 1, 115. bi dem mittil breiden steyne. 1289 A. 2, 435. offe breyden stein. 1297 A. 2, 553. Brunehildestein (Gr.). 1221 H. 1, 479. Buodolestein (Gr.). 960 J. 1, 267. ad Cacenstein[2]) (Gr.). 1170 S. 1, 101. zu hazzinstein. 1282 A. 2, 354. by deme Engelin steyne. 1315 B. 441. an bonegsteine. 1235 E. 179. an kellerstein. 1321 A. 2, 864. bii dem langensteine. 1281 A. 2, 340. latine limites v. marstein[3]). 1210. 1213 E. 73. 88. in loco marstein. 1262 A. 2, 355. an Marstene. 1284 A. 2, 383. marstein. 1307 A. 2, 679. Phaphenstein[4] (Gr.). 819 C. 21. rinnenstein. 1294 II. 2, 283 by deme rodin steyne[5]). 1325 B. 575. Wagodenstein. 1095. 1125 (Gr.). U. 1, 1. 12. an Weldesteinre. 1299 A. 2, 574. super Wigelstein[6]). 1305 A. 2, 658. in Wildenstein[7]) (Gr.). 1253 U. 1, 179. — understenes. 1217 E. 98. 99. 100. — steinlin. 1299 A. 2, 580.

stein, steyn s. **acker, bere, buhil, bunda, furst, furtewa, grube, hecke, houe, land, rid, straza, stuck, wand, wee.**

stetdale s **tal.**

steyg, stieg, stigelin s. **steg.**

stellinwingart s. **garte.**

stoppel. in den stoppelen. 1311 A. 2, 714.

storensatz s **sat.**

straisgewanden s. **wande.**

strang. anme strange. 1315 B. 439.

straza, straze, strazze, strasse, straisze, straisse, strate. F. 2, 1317. an der strazen. 1307 A. 2, 679. vf der strazzen. 1306 A. 2, 690. an der strozen. 1314 A. 2, 750. — in alta strata. 1269 A. 2, 247. jugera tendentia offe Badinheimre straze. 1300 A. 2, 591. vineae plentzere an der bergstrozen. 1316 A. 2, 776. an Binger strase. 1299 A. 2, 574. burchstraza. 948 L. 1, 102. via burcstraze. 1254 A. 2, 134. an der Ebersheimer strazzen. 1313 A 2, 740. heristraza[8]) (Gr.). 910 D. 635. via herstraze. 1269 A. 2, 229. off der herstrasseen. herstrazzen. 1295 A 2, 519. juxta herstrazen. 1304 A. 2, 642. berstrazen. 1307 A. 2, 679. viae herstrazzen. 1316 A. 2, 757. in Huckenstrate. 1186 N. 1, 5. ultra Lammi(e)rsheimer strazen. 1299 A. 2, 582. Madalbergostraza (Gr., nun *Nahlberg*). 939 J. 1, 264. an der Menizer straissen. strozen. 1320. 1325 A. 2, 839. 977. an der Sawelnheymere strazzen. 1314 A. 2, 758. an Spensheimer straisze. 1313 A. 2, 740. steinstraza[9]) (Gr.). 1006 J. 1, 337. an der Swabeheimer strazen A. 2, 261.

streckefoisse, an deme. 1319 B 493.

streike. zu streike fovus bi yleos geworhe. 1303 A. 2, 634. *was* streckefoisse?

strich, strick. an deme striche. 1315 D. 441. in der langen strickon. 1299 A. 2, 582. zu den langin strichin, an den langin scricchin (l. stricchin). 1322. 1323 B. 541. 575.

strud, strut. F. 2, 1320. — in der strut. 1311 A. 2, 716. an der lanzinstrud. 1323 B. 557.

strumpel. sarsstrumpel. 1295 A. 1210.

strumpelsborn s. **burn.**

stuck, stuk, stück, stuch, stucke. — das brenun (bremen?) stucke, das crumme stucke. 1324 B. 565. an deme graeechtin stucke. 1315 B. 441. das hasenstucke. 1320 D. 524. vnder deme hanstucke. 1315 B 438. an holderstuche. 1317 A. 2, 606. prope hupslucken. 1288 A. 2, 422. in deme kurzen stuke. 1303 A. 2, 634. vinea Meithilde stuche. 1232 E. 163. super mulenstucke. 1307 A. 2, 679. munechstuch. 1297 A. 2, 541. anme obirgedin stucke. das rubinstuck. 1315 B. 438. das schibeleche stücke. 1215 E. 91. in steines-

---

[1]) F. 2, 285 *ein* Pruitenstein. — [2]) F. 2, 385 *ein* Cazzenstein. — [3] F 2. 959 *verschiedene* Murcstein. — [4]) F. 2, 1119 *unser* Phaph. — [5]) F. 2, 1160 *ein* Rodestein *von* rot == *roth*. — [6]) F. 2, 1511 *ein* Wichilstein *aus Graff* 1, 708. — [7]) F. 2, 1534 *ein* Wildestein *von* wild. — [8]) F. 2, 679 *unser* Heristraza. — [9]) F. 2, 1304 *unser* Steinstraza.

stucke. 1319 A. 2, 826. der zigenerin stucke. 1315 B. 438.
stude. F. 2, 1322. — in loco, qui v. dicitur Espensluden. 1235 E. 178. juxta Kaldbacher sluden. 1219 E. 116.
stul in Rechenstul (*Gr.*). 1196 S. 1, 115.
stump. vf dem stumpe, in stump. 1315. 1316 A. 2, 771. 787. in der buchstumppin, 1323 B. 557.
stupperrich, stutperrich *s.* **perrich.**
sturenfelt *s.* **veld.**
stutwege *s.* **wee.**
sulndine-brath *s.* **brath.**
sulnszbole *s.* **buhil.**
sulce *s.* **burn, tal.**
sulze. F. 2, 1327 *verschiedene* Sulza. —
locus sulzen, 1319 A. 2, 826. in der sulze. 1325 B. 575.
sulzen *s.* **wande.**
sulzer, sultzer *s.* **marke, tal, wee.**
svmorgen *s.* **morgen.**
summerbaume *s.* **boum.**
sunderrich *s.* **rech.**
sutersxen, an der. 1305 B. 337.
svichinge, ame. 1312 B. 414.
swabehel(y)mer *s.* **straza, wande, wee.**
swarzensole, suuarzahafurt *s.* **sol, furt.**
swerzeburnin *s.* **burn.**
syzengrube *s.* **grube.**
szerdesslegen *s.* **slag.**

T.

tal, thal, dal, dayl. F. 2, 402.
bi dem wege zu dale. 1219 E. 116. imme dale. 1321 A. 2. 864. — an dem Abenheimer tale. 1320 A. 2, 839. in babendale[1]). 1084 H. 1, 384. Bensłal. 1150 J. 1, 614. in bercdal. 1266 A. 2, 214. in dem beretale. 1325 A. 2, 927. In bonnedal. 1305 A. 2, 657. buddendal. 1108 II. 1, 38. vinea Bulenstal. 1130 C. 143. in burnedale. 1293 A. 2, 498. vinea Busendal[3]). 1094 C. 134. locus anme cazzendale. 1305 A. 2, 650. verticem Clophendales[3]) (*Gr.*). 819 C. 21. ame crutzdale. 1322 A. 2, 867. zu diindsl. 1291 A 2, 472. dunzendal. 1313 A. 2, 745. in Ebirnsheymerdale. 1298 A. 2, 564. eichendal (*Gr*). 819 C. 21. Franconodal[4]) (*Gr.*). 773 C. 6. prope Fuhlenthal (*Gr.*). 1253 U. 1, 179. in Geiderichesdale[5]). 1084. II. 1, 384. vallis Habuchedal[6]) (*Gr.*). 786 T 2, 11. Ilagestaldesdal (*Gr.*). 1170 S. 1, 101. an haistal. 1308 A. 2, 691. in handal, in hanendal, super hanindal, in dem hanendal. 1261. 1296. 1299. 1324 A. 2, 176. 537. 582. 905. zu bersdal. 1281 A. 2, 340. in deme heyterdale. 1312 B. 414. in den kolkindayl.
1315 B. 434. zu kippindal, kippendal. 1279. 1319 A. 2, 317. 826. vallis Labbirindal, Loubirindal[7]) (*Gr.*). 786 T. 2, 11. 3, 16. amme leymendal. 1314 A. 2, 748. in deme leymendale. 1334 B. 658. vallis Liuboldesdal (*Gr.*). 1170 S. 1, 101. vallis Lintal (*Gr.*). 1196 S. 1, 115. in den lutzildale. 1307 A. 2, 689. in Mannendal[8]) 1084 II. 1, 385. an dem menczendale, 1320 A. 2, 839. in micheldal. 1322 A. 2, 876. in dem Neneinstendale. 1325 A. 2, 927. an oberstedal. 1321 A. 2, 864. in Obinheimer tal. 1320 A. 2, 843. Renstal (*Gr.*). 1170 S. 1, 101. inme Rildal. 1299 A. 2, 574. locus Rutal. 1153 A. 2, 8. in swanda, quae dicitur Rudal. 1283 A. 2, 369. apud hindern Rutal. 1293 A. 2, 499. Sicendal (*Gr.*). 1170 S. 1. 101. an deme stetdale, des sletdales. 1304 A. 2, 642. Sulcedal[9]). 1228 E. 149. in Sulzerdale. 1260 A. 2, 331. an dem vridale. 1308 A. 2, 690. Wagenthal (*Gr.*). 1104 H. 1, 35. an wannedale, super wonnendale. 1293 A. 2, 498. in ybedal, ympendal. 1317 A. 2, 808.
talacker, talanweck *s.* **acker, wee.**

---

1) F. 2, 153 *unser* Bahend. — 2) F. 2, 279 *unser* Busend. — 3) F. 2, 373 *unser* Clophend. — 4) F. 2, 519 *unser* Franc. — 5) F. 2, 545 *unser* Geid. — 6) F 2, 625 *unser* Hab. (*Habichthal*). — 7) F. 2, 953 *unser* Loubirind. — 8) F. 2, 978 *unser* Man. *von* man. — 9) F. 2, 1329 *ein* Sulcelal *von* sulz.

tail (*Theil*). vf dem paßöntail. 1315 B. 446.
tammerslagghen *s.* **lache.**
tegensceit *s.* **scheide.**
teich, teig, dich, dych, dygh. F. 2, 416. — vf me dyche. 1299 A. 2, 574. in deme dyche. 1305 B. 340. bi deme dyghe. 1305 B. 337. palus langteig, lang-teiche (*Gr.*). 1239 T. 2, 139. Radendich. 1107 J. 1, 473.
thiemeresberch *s.* **berc.**
thietfurth *s.* **furt.**

tiofun *s.* **clinge, grube.**
tisch. via, quae Heydenlisch dicitur. 1258 N. 2, 350.
trappenberg *s.* **berc.**
treyserwege *s.* **wec.**
trivilbach *s.* **bach.**
trualbe *s.* **albe.**
tudelnberg *s.* **berc.**
twer *s.* **lache, wande.**
twerch *s.* **wande, wec.**

U.

vbersheimerwege *s.* **wec.**
vburnen *s.* **burn.**
ulen[1]) vinea. 943 J. 1, 299.
ulinabach *s.* **bach.**
viners erde, vineris loch *s.* **erde, loch.**
ulrichen, bi der. 1308 A. 2, 690.
vluensheimerwege *s.* **wec.**
umbeganc *s.* **gane.**

vndeborne *s.* **born.**
vnder forh, understenes *s.* **vore, stein.**
urloch, ursbrine, ursprinc *s.* **loch, sprinc.**
vzeren banne, foren *s.* **ban, vore.**
vzersetzen *s.* **sat.**
vzlende *s.* **lant.**

V.

vagghe. in langbevagghe. 1231 E. 162. *s. Grimm, d. W.* 3, 1218 *Fach.*
vahinmulde *s.* **mulde.**
valleder, vallider *s.* **dor.**
varresbohel *s.* **buhil.**
varsporin *s.* **spor.**
vane, zu, 1313 A 2, 741.
veld, velt, feld, felt. F. 2, 499. vi deme aldinfelde[2]). 1310 B. 384. daz budinveld[3]) 1322 B. 541. burgerfelt. 1306 A. 2, 668. amme derze velde. 1314 A. 2, 748. in Duienkemervelde. 1293 A. 2, 498. Folkesfelt[4]) (*Gr.*). 816 J. 1, 57 hanisfelt. 1277 A. 1, 84. Hechisheimer velt. 1325 A. 2. 927. imme lutzilfelde, daz lutzilfelt, daz luczilfelt. 1310 B, 384. 393. 394. luzzilfelt. 1324 B. 565. vf Mergestader velde. 1308 A. 2, 692. michelvelt[5]) 1277 A. 1, 84. mittelfelt, mittelveld. 1305. 1315 B. 337. 446. an der moneche felde. 1334 B. 657. locus dictus Morsuelt. 1316 A. 2, 790. in deme morter velde. 1305 B. 337. campus daz nidervelt. 1298 A. 2, 560. vitne nider-felde. 1322 A. 2, 876. daz obervelt in westerlangen. 1298 A. 2, 560. obirfelt, daz obirfeld. 1315. 1323 B 449. 557. ostirvelt, daz ostirfeld. 1301. 1322 B. 296. 541. vf dem sanevelde. 1307 A. 2, 676. pratum in sinzenvelt. 1209 E. 64. 65. Sturenfelt[6]) (*Gr.*). 816 J. 1, 57. an deme vordern velde. 1305 B. 337. in campo dicto wentzenuelt. 1279 A. 2. 319.
veltbruckere wege *s.* **wec.**
velinberg *s.* **berc.**
vendersheimer wege *s.* **wec.**
uercorum. 860 J. 1, 102.
vererberge *s* **berc.**
uerrebach *s.* **bach.**
vesse, in. 1231 E. 162.
vinsterbuch, vinstersife *s.* **buche, sife.**
virreyne *s* **rein.**

---

1) F. 2, 1432 *unser* Ulen. — 2) F. 2, 40 *ein* Altunfeld. — 3) F. 2, 314 *ein* Budinifeld *vom Personennamen.* — 4) F. 2, 536 *miser* Folckesf. — 5) F. 2, 1026 *ein* Mihilunfeld. — 6) F. 2, 1324 *unser* Sturenf. *von stur = gross.*

virst, first. F. 2, 501. — after dere firsti (Gr.). 801 D. 165. ad Langenvirst¹) (Gr.). 819 C. 21. in steinfirst²) (Gr.). 777 D. 60.
vischebach, vischwise s. **bach, wise.**
vlisbrunnen s. **brunne.**
vohenloch s. **loch.**
volechen. zu volechen bis der hutten. 1295 A. 2, 517.
volpreteshoumese s. **houmese.**
vor, vore s. **rein, were.**
vordern velde s. **veld.**
vore, fore, forh, forhe, vurch. an der alderin forhe. 1297 A. 2, 553. an der nyderen vore. 1306 A. 2, 663. an der vnder forh. 1313 A. 2, 740. an der uzeren foren. 1297 A. 2, 553. — an der oester vurch. 1305 B. 337.
vorst, forst. F. 2, 516. — silva, quae dicitur forst. 1269 U. 2, 118. — silva cameruorst. 1139 L. 1, 330. silva, quae cameruorst dicitur. 1153 J. 1, 631. cameruorst, kameruorste. 1201. 1226. 1250. 1263 1264 L. 2, 3. 133. 366. 531. 549. kameruorst. 1295 A. 1, 210. forestum Kunigesforst³), Chunigosforst *(bei Frankfurt).* 1312. 1317 F. 401. 440.
voyslochere s. **loch.**
vrecht, vreth, frecht, freyt, frith, frocht. *Ackerstück.* — frechten sive geren. 1279 H. 1, 771. termini terrae arabilis dicti geren sive frochten. 1279 A. 2, 319. in der vrethen. 1281 A. 2, 340. in loco freitden, freytden. 1282 A. 2, 355. in der vrechten. 1304 A. 2, 641. campus vrechten. 1305 A. 2, 659. in der frechte, freytin. 1320 A. 2, 846. — in kurtzen frithen. 1295 A. 2, 518. an der spitzen vrechten. 1281 A. 2, 340.
frechtwec s. **wec.**
vresenwech s. **wec.**
vridale s. **tal.**
vronehof, vronehobe, vronwazzer s. **hof, waser.**
vrowinwegin s. **wec.**
vullenobach, vullenoburg s. **bach, burch.**
vurch s. **vore.**

W.

waatdenhelmer wege s. **wec.**
wachmunder wege s. **wec.**
vnackuneit. 1136 J. 1, 544.
wagenthal s. **tal.**
wagodenstein s. **stein.**
walodam, woladam, in (Gr.). 773 C. 6.
uualdaradecheuelle s. **cheuelle.**
walchinhoug, wallnehoug s. **houc.**
walestaffele s. **stafel.**
walhelmerpade s. **pad.**
wallendenbrunne s. **brunne.**
wallesloch s. **loch.**
walsbach, walsbaho s. **bach.**
walthers morgen s. **morgen.**
waltune⁴). vinea, quae v. nuncupatur in deme Waltune. 1294 F. 285.
walweslachen s. **lachen.**

wande, anewande, gewande, gwanda, gewende, anewender. s. *Grimm, d. W.* 1, 513. zu langenwande. 1322 A. 2, 876. in langen wanden. 1293 A. 2, 498. zu nideren wanden. 1277 A. 1, 84. in, apud osterlangenwanden. 1293 A. 2, 498. — locus anewande. 1254 A. 2, 131. di anwenden. 1321 A. 2, 664. an der Flersheimer anewande. 1281 A. 2, 347. apud hohen annewanden, an der hohen anwende. 1293. 1310 A. 2, 499. 710. an Swabeheymer anewende. 1299 A. 2, 574. — in gwanda. 1283. 1293 A. 2, 369. 493. angewende. 1319 A. 1, 373. in cruces gewande. 1306 A. 2, 663. in dalgewanden. 1313 A. 2, 745. in der diffen gewande. 1310 A. 2, 710. in der hindergewanden. 1321 A. 2, 856. vf der hoher gewanden. 1319 A. 2, 826. an der holen gewande. 1268 A. 2, 229. usque ad korz-

---

1) F. 2, 899 *unser* Lang. — 2) F. 2, 1302 *unser* Steinf. — 3) F. 2, 394 *ein* Kuningesuorst. — 4) F. 2, 1469 *ein* Waltunnin.

gewande. 1241 A. 2, 87. an der korzengewande. 1314 A. 2, 750 in der korlzen gewanden. 1320 A. 2, 839. an der krummen gewende. 1314 A. 2, 750. krumgewande. 1319 A. 2, 826. an lachegewande. 1307 A. 2, 679. in der langin gewandin, in der langen gewanden. 1299 A. 2, 582. in der langen gewanden. 1307. 1320. 1325 A. 2, 658. 839. 927. an der langen gewanden. 1314 A. 2, 750. offe der mittelgewande, locus dictus mittelgewanda. 1303. 1305 A. 2, 634. 658. nidergewanden. 1277 A. 1. 84. In ringewandun, juxta Ringewanden. 1283. 1299 A. 2, 369. 582. in steingewande. 1261 A. 2, 176. In der straisgewanden. 1313 A. 2, 741. in twerchgewauden, in der twerengewanden. 1292. 1299 A. 2, 488. 582. super Winsheimere gewandin. 1299 A. 2, 582. — onewender. 1295. 1297. 1321 A. 1, 210. 2, 541. 864. anwendere. 1266 A. 2, 215. anewendere. 1219 E. 116. anewendere, 1277. 1299. 1303 A. 1, 84. 2, 582. 634. anewendere. 1310. 1311. 1315 D. 377. 399. 441. locus Sulzen kinde anewender. 1319 A. 2, 826.

wanebechir wege *s.* **wec.**
wannedale *s.* **tal.**
wanstafeln, wanstaffelen *s.* **stafel.**
warlandin *s.* **lant.**
warta, warte, warthe. F. 2, 1481. — vnder warten, an der warten. 1307. 1310 A. 2, 679. 710. — in loco Eckelwarthe. 1282 A. 2, 355. ad Hohenwarta [1]) (Gr.). 921 C. 65.
wartbaume *s.* **boum.**
wasen. vf deme wasen. 1328 B. 599.
wasewege *s.* **wec.**
waser, waszer, wesser. F. 2, 1489. — retro breidinwaszer. 1320 A. 2, 843. locus Ochsenwaser (Gr.). 1196 S. 1, 115. piscacio vronwaszer. 1285 F. 219. aqua werwaszer. 1316 A. 2, 791. — vinea in wessere. 1236 E. 182.
waszerrunsxe *s.* **runse.**
wata. Langwata (Gr.). 773 C. 6. wata == vadum?
watzelenroth *s.* **rod.**

wec, week, weeh, weg, wegk, veck. F. 2, 1492.
in descensu viae, bi den wege zu dale 1219 E. 116. vndir dem wege. 1316 A. 2, 782. — apud Abenheimerwege, an dem Abenhemmerwege. 1293. 1320 A. 2, 498. 839. amme anwecke. 1282 A. 2, 354. an Armesheimerwege. 1282. 1314 A. 2, 354. 750. Asilnheimer weck. 1320 A. 2, 843. awenweg. 1319 A. 1. 373. an babenmülen wege. 1305 A. 2, 650. an den Beckelnheimer wege. 1293 A. 2, 518. bergwec. 1293 A. 2, 496. vnder den berch wege, berger wege. 1313 A. 2, 741. an deme bergwege. 1314 A. 2, 749. apud Bercheimerwege. 1293 A, 2. 499. In Bertheimirwec, wege. 1321 A. 2, 864. an Binger wege, in dem Bynger wege. 1322 A. 2, 876. 877. vbir Birinkeimer wec. 1318 B. 483. ofme Dirkerwege, Byrcherwege. 1314 A. 2, 748. apud Bockenheimer wege, an Dockenheimer wec. 1297. 1307 A. 2, 541. 679. offe deme boilirwege. 1315 B. 441. an den Bolender wege. 1304 A. 2, 636. Bomersheimere wec. 1219 E. 116. an bornin wege, an borne wege, an dem bornwege. 1269. 1272. 1310 A. 2, 237. 261. 710. vber dem bruchwege. 1310 A. 2, 710. bruckeweg. 1311 A. 2, 716. vnder Bubinheimer wege, off Bubenheimer wege. 1295 A. 2, 518. in then burguueg[2]) (Gr.). 777 D. 60. juxta Burcwege, apud burgwege, via burcwec, vnder burgwego. 1281. 1293. 1307. 1309 A. 2, 346. 498. 679. 690. burchwech. 1323 B. 561. am burner wege. 1315 A. 2, 771. Busenelieimer wec. 1307 A. 2, 679. an deme Butsbecherwege. 1331 B. 622. durch den celler wec, an celler wege, an cellirwege. 1292. 1307. 1321 A. 2, 482. 679. 861. via cimberwec. 1232 E. 163. in via coller wege. 1297 A. 2, 541. via dicta crucewege, imme crucewege, an crucewege. 1290. 1305. 1308 A. 2, 453. 653. 691. in Crucenacher wege. 1299 A. 2, 574. amme diffen wege, offe dem difen wege. 1289. 1303 A. 2, 435. 634. juxta dilfin wege. 1310 B. 352. an Dilbelnsheimere bolzwege. 1284 A. 2, 393. Dolgisheimer

---

[1]) F. 2, 714 *unser* Hoh. — [2]) F. 2, 332 *unser* Burgweg.

wec 1308 A. 2. 691. an Durinkeimerwege. 1293 A. 2, 502. an Ebershelmer, Ebirsheymer, Ebernsheimer, Ebernsheymer wege. 1272. 1297. 1303. 1313. 1314. 1315 A. 2, 261. 553. 634. 740. 758. 771. an deme eychwege, eichwege. 1297. 1303 A. 2, 553. 636. der engewech. 1314 A. 2, 748. an deme Engelsleder wege. 1313 A. 2. 741. an dem Ennetbelmer wege. 1322 A. 2, 879. amme Ensenheimere wege. 1322 A. 2, 876. offwert anme eselwege. 1370 A. 2, 846. gen deme eynsideliu wege. 1315 B. 438. an deme fette wege. 1310 B. 393. via frechtwec. 1112 A. 2, 3. an, vber den ober Frisenhemet wege. 1307 A. 2, 688. in Frowenwege, Vrowinwegin. 1180 F. 18. Geispisheimer Weg. 1322 A. 2. 879. offe deme Geraerwege. 1305 B. 337. Geraherwech. 1277 A. 2, 84. gewandinweg. 1293 A. 1, 210. ad deme Goller wege. 1333 B. 636. amme grabere wege. 1314 A 2, 758. in grasewege. 1207. 1269. 1283 E. 56. A. 2, 247. 369. in loco, qui dicitur grasewec. 1287 A. 2, 419. amme grasewege, grasewec. 1291. 1299. 1306 A. 2, 472. 582. 670. sub grasewege, amme grasewege, an dem grasewege, graseweg. 1308. 1311. 1320. 1321. 1324 A. 2, 691. 714. 839. 856. 905. Gridelere weg, vnder Gridelere wege. 1310. 1316 B. 382. 457. via Grindesleler veck. 1320 A. 2, 843. vber Gugenhelmer wege. 1295 A. 2, 518. juxta Gummersheimer weg. 1316 A. 2, 785. gunserweg. 1331 B. 622. apud Guntheimerwege, an Guntheimerwege. 1293, 1308. 1321 A. 2, 498. 692. 856. an Guntirsbumirwege¹). 1292 A. 2, 482. hammerweg. 1311 A. 2, 714. hinder deme harwege. 1305 B. 337. bi dem haugwege. 1320 A. 2, 839. juxta heimerwege. 1293 A. 2, 498. an Heldewege. 1295 A. 2, 518. vf den Hergerwec. 1322 B. 541. apud Herlisheimerwege. 1293 A. 2, 498. amme Hexheymere wege. 1314 B. 2, 748. 758. an Hilgersheimerwege. 1313 A. 2; 741. amme hogerwege. 1263 A. 2, 197. apud Hohembrewege (Hochheim). 1268 A. 2, 228. vfte den bohenweg, geyme hohen wege.

1295. 1310 A. 1, 210. 2, 710. der cleine holewech²). 1312 B. 414. amme holzwege. apud holzwege. 1279. 1281 A. 2, 317. 346. in, offe den bolzwec, vflen holzwec. 1304. 1305 A. 2, 642 650. super holzwege, amme holtzwege, bolzwege, bolczwege. 1307. 1321. 1322 A. 2, 679. 864. 897. anme, vnderme, vfme hulzwege, boltzwege. 1308 A. 2. 690. vnder deme krommen holszwege. 1313 A. 2, 741. an deme nideren Holzhuser wege. 1319 B. 493. in Horgeheimer wech. 1283 A. 2, 369. an deme bouwege. 1305 B. 337. offe deme hoylirwege. 1325 B. 441. an Huckenhouere wege. 1294 A. 2, 383. an hungaszesweg. 1321 A. 2, 856. an Huser wege. 1310 A. 2, 710. an Ibernsheimerwege (Ebersh.). 1293 A. 2, 502. amme Ingelnbeymere wege. 1314 A. 2, 748. via Jacobswech, Jacobsweg³). 1051 L. 1, 154. 185. in kenpherwege. 1293 A. 2, 498. via Kircheimer weck. 1320 A. 2, 843. in des kunigsuueg⁴) (Gr.) 801 D. 165. an Leybirsheymer wege. 1299 A. 2, 574. an lininger wege. 1307 A. 2, 679 anme lowege. 1308 A. 2, 690. an Lorzwilre wege, amme Lurwilre wege. 1303. 1291 A. 2, 634. 472. Luxcillinder wech. 1310 B. 381. in then mattenuueg⁵) (Gr.). 777 D. 60. an meinzerwege, an den menzer wege, an menzerweg, in mentzer wege. 1301. 1305. 1310 A. 2, 642. 650. 710. in Mergesleder wege. 1307 A. 2, 679. super Melchenheimerwege, Melthenheimerwege. 1293 A. 2, 498. 502. vnder mittelwege, offe den mittelwege, of dem mittelwege, in dem mittelwege. 1295. 1305. 1310. 1320 A. 2, 518. 710. 546 B. 337. an den Molenwege. 1242 E. 208. an deme molin wege. 1315 B. 441. via dicta morlwek. 1269 A. 2, 439. an mulwege, in mulewege. 1307. 1317 A 2, 679. 806. super Naubeimer wec, wech. 1277 A. 1, 84. ame nider wege. 1310 A. 2, 710. an dem nyderslen Ostbouer weg. 1320 A. 2, 839. an Nordolfisheymer wege. 1304 A. 2, 641. vfme nussewege. 1320 A. 2, 846. an demme nuwen wege. 1293 S. 1, 434. an Oberbanhemer wege. 1307 A. 2, 688. byme Obirn-

---

1) Es ist wol Guntirablumirwege zu lesen. — 2) F. 2, 759 ein Holanwegh. — 3) F. 2, 860 unser Jac. — 4) F. 2, 396 unser Kunigsweg. — 5) F. 2, 1001 unser Mattenweg.

hoberin wege. 1325 B. 575. an deme Odernheimer wege, an den Odernheimer weg. 1304. 1322 A. 2, 642, 876. apud Offsteiner wege. 1297 A. 2, 541. an deme Oppinheymerwege. 1297 A. 2, 553. an dem Ostbouer weg, in Osthouir wege. 1320. 1321 A. 2, 839, 864. an Pelfilkeimer wege. 1299 A. 2, 582. an dem phaffenwege, an der pfaffen wege. 1310 A. 2, 710. molendinum phusolwegke. 1227 A. 2, 61. amme rude wege. 1266 A. 2, 214. an dem Raprechtis wege. 1325 A. 2. 919. vbir den rauchweg, via rauchweg. 1311. 1331 B. 399. 622. rennewech[1]) (Gr.). 1274 H. 2, 959. Retwech (Gr). 646 J. 1. 9. an dem Rinwege. 1320 A. 2, 839. an deme rinnewege. 1310 B. 390. ritbrukerwec. 1277 A. 1, 84. vffe Rodelinheimersweg. 1313 A. 2, 740. offe deme Romuldis wege. 1312 B. 414. ame ruebin wege. 1310 A. 2, 710. rugeswech. 1277 A. 1, 84. Rupreches wege. 1296 A. 2, 536. vber den rytweg. 1322 A. 2, 877. via Sassinwech. 1217 E. 99. Sawelnheymerwege. 1314 A. 2, 748. an scheyde wege. 1310 A. 2, 710. an dem schlagwege. 1315 B. 446. an Shornesheimere, Shornsheimer wege. 1304 A. 2, 642. amme sleyfxege, an der Olmenere sleyfwege. 1314 A. 2, 748. apud Slidewege, via Slidewec, anme Slidewege, an den Slideweg, via dicta Slideweg. 1281. 1299. 1305 A. 2, 346. 347. 574. 658. ober den sodir weg. 1305 B. 340. olme Soltzheimera wege. 1322 A. 2. 876. an Spillinbauymeris wege. 1311 B. 399. an Spitzheimer wege. 1304 A. 2, 642. ad Sporgbheimer wege. 1305 A. 2, 659. an deme springerwege. 1315 B. 441. via saxorum. 646 J. 1. 9. an laimbis steinwege. 1281 A. 2, 336. ofme steinwege. 1318 B. 484. amme stutwege. 1305 B. 337. Sulzercellerwec. 1307. A. 2, 679. an Swabeheymer wege. 1299 A. 2, 574. via Talanweck. 794 F. 2. amne treyserwege. 1314 A. 2, 748. via dicta Twerchweck. 1269 A. 2, 439. an Vbersheimer wege. 1293 A. 2, 498. an Vluensheimer (Ulvesh) wege. 1304 A. 2, 646. an veltbruckere wege. 1321 A. 2, 864. in deme Vendersheimer wege. 1306 A. 2, 663. via, quae dicitur Vresenewech. 1240 P. 370. an Wasldenheimer wege. 1307 A. 2. 679. an Wachmunder wege. 1322 A. 2, 876. byme Wanebechir wege. 1325 B. 575. an wasewege. 1314 A. 2, 750. an Weildesteiner wege. 1314 A. 2, 750. vnder Wersleder wege. 1298 A. 2, 560. apud Weslbouerwege, Weslohowerwege. 1293 A, 2, 499. in Willianwehe, de Willianwege [2]) (Gr.). 979 T. 2, 25. In wilrewege. 1319 A. 2, 626. vf Winheimer wege, an dem Wynheimer wege. 1314. 1322 A. 2, 750. 877. an Winthirbeimir wege, vber den Winterheymer weg, Wynterheimer weg. Wynterheymer weg. 1269. 1306. 1315. 1316 A. 2, 237. 670. 789. 927. wisewec, wysoweg. 1307. 1325 A. 2. 679. 927. wisigartaweck. 794 F. 2. bi Wizelere wege. 1310 B. 390. offe Wolfhartszwege. 1305 B. 337. an Wormezir wege. 1321 A. 2, 864. amme luzele an (l. luzelen) Zarenbeimere wege, an luzil Zarinbeimir wege, an Luzelzernbeimer wege, Zornheimerweg. 1268. 1269. 1279. 1325 A. 2, 214. 237. 322. 927. via quae dicitur zclreweg (l. zelr.). 1254 A. 2, 134.

wechalder (Gr). 1221 H. 1, 479.

wedel. Eppenken eiuswedel. 1277 A. 1, 84.

wedirberge s. **berc.**

welde. F. 2, 1457. — an der weide, vffe der weiden, off der weiden, ofl die weide. 1305. 1313. 1320 A. 2, 650. 744. 839. by den weyden, vffe den weydin, gehen der weyden. 1313 A. 2, 741. zu grazze an der weide. 1325 B. 578. off der cameraro weide. 1320 A. 2, 839. copelweide[3]), copelewede, coppeluwede. 1029. 1051 L. 1, 164. 184. 185. in der gensewelde. 1281 A. 2, 340. an der genseweyde. 1294 II. 2, 283. — an Herlisheimer anweide. 1299 A. 2, 580. s. **wande.**

welge. In Rinderweige. 1292 A. 2, 479.

welldesteiner wege s. **wec.**

welde in Gimesheymer welde. 1316 A. 2, 785.

weldercruce, weldesteinre. s. **cruce, stein.**

---

1) F. 2, 1151 ein Reinnew., Renniw. — 2) F. 2, 1535 unser Willianweh, Willianwege. — 3) F. 2, 391 unser Copeleweide.

welinehove s. hove.
welligesriche s. rech.
wellnreine s. rein.
welzlachen nider s. nider.
wenke, vffeer. 1299 A. 2. 574.
wentzenuelt s. veld.
wer. offe diz. daz wer. 1289. 1303 A. 2, 435. 634. — cum septem hubis, quae v. vorevvere¹) dicuntur. 1222 F. 34.
werwanzer, werleoz s waser, cez.
werc. allodium forwerc. 1321 B. 536.
werckegruben s grube.
werd, wert, werter. F. 2, 1482. — den werd juxta pontem. 1324 D. 565. vf werl, vffe werler. 1272 A. 2, 261. — anewerde (anewende?). 1310 B. 394. super ·bubumwert, bubinwert. 1283, 1299 A. 2, 369. 582.
werlespade s. pad.
wermberge, wersterberghe s. berc.
wersteder wege s. wec.
wese s. wise.
wesselwingarde s. garte.
westerberge, westerheym, westerlande, westerlange s. berc, heim, lant, lange.
westhouerwege, westohowerweg s. wee.
weynolsheimer pade s. pad.
wezellspade, wezellspade s. pad.
widach²). in dem widach. 1295 A. 2, 210. vor dem wydehe. 1320 A. 2, 846. ad grünen widechen, grunenwitichin. 1095. 1125 U. 1, 1. 12. silva lauchwidach. 1258 U. 1. 185.
wide f. offe di wide, vf den widen. 1305. 1308 A. 2, 650. 690. 691.
wide n. in deme wide. 1329 B. 605. offe daz widee, daz offe daz floz stozit. 1315 B. 441.
widemehube, widimbach s. hube, bach.
wides. in dem wides. 1323 B. 557.

wieres. vinca, quae dicitur wieres. 1218 E 243
wigelstein s. stein.
wiher, wiwer. F. 2, 1562. — bi dem wihere. 1259 A. 2, 435. in loco, qui dicitur wiwere. 1151 E. 15.
wihere gewerhe s. gewerhe.
vuihingesboumgarto s. garte.
wila. F. 2, 1529. — super lvco, qui dicidur Wila. 1219 E. 116.
wilar, wiler. F. 2, 1529. — vinea wilere. 1178 E. 31. jn deme wilre. 1298 A. 2, 564 zu wilre. 1304 A. 2, 642. in dem wilre. 1322 A. 2,876. — Heisuilare³) (Gr.). 820 J. 1. 59.
wilrewege s. wee.
wildenstein s. stein.
willenbrunnen, willenreine, willianwege s. brunne, rein, wec.
winde. offe halewinde. 1269 A. 2, 237.
wine. vinea kurwine. 1349 L. 3, 465.
wingarte s. garte.
winkel. F. 2, 1548. — in dem winkele, zu winkele, zu winkel. 1297. 1304. 1322 A. 2, 541. 642. 879. — der erlewinkel. 1312 B. 414.
winhelmer marke, wege s. marke, wec.
winshelmere gewandin, winshelmer wingart s. wande, garte.
wintercasto, wintercasten s. caste.
wintershagen s. hagen.
winthe(l)rhei(y)mer marke, weg s. marke, wec.
wise, wiese, wyse, wisze, wisse, wese. F. 2, 1557. — vf der wisen, wysen. 1299 A. 2, 574. — super ammitwisen. 1308 A. 2, 691. pratum dictum der asinare wise. 1305 A. 2, 649. breidenwisen (Gr.). 046 J. 1, 9. in breitwisen. 1219 E. 112. an der breidin wisin. 1323 B. 557. apud crumpwisen. 1308 A. 2, 691. pratum dalwisen. 1296 A. 1, 214. an der Eirbelethden wisen. 1277 A. 1, 84. an der elewisin. 1312 B. 414. vffe Geepelheimere wisen. 1305 A. 2, 650. an deme hanwisen, in der

---

1) Vielleicht vorewerc? — 2) F. 2, 1512 verschiedene Widaha. — 3) F. 2, 720 unser lleis.

haniwesin. 1277. 1295 A. 1, 84. 210. vf der hartwysen, pratum hartwise. 1299. 1310 A. 2, 574. 710. dy helbelincwise. 1315 B 438. vf der herchelwesen, berchilwiese, herchelwise, herchelwisen. 1308. 1320 A. 2, 690. 846. in loco Hirtzwesen. 1295 A. 2, 518. lancwis¹). 1127 J. 1, 513. an der langen wesen. 1295 A. 2, 518. an der langen wisen. 1328 B. 599. loubwisa (Gr.). 773 C. 6. lutzelwyse. 1315 B. 434. an lulzelwisin. 1317 A. 2, 806. offe der muntwisen. 1309 A. 2, 696. in der murcwisen. 1292 A. 2, 488. des Multirsleders wiese. 1317 A. 2, 799. in der nortwisen, in nortwisin, nortwiszin. 1309. 1320 A. 2, 696. 843. vf der nun *(neuen)* wisen. 1292 A. 2, 488. obirwyse. 1315 B. 434. von der osterwisen²). 1304 A. 2, 642. bi overwesen. 1242 E. 208. juxta pafenwisen. 1261 B. 91. per Rincwison³) (Gr.). 921 C. 65. an der ritwysen, ritwisin. 1305. 1310 B. 337. 392. pratum ritwise, an der rytwisin. 1310. 1320 A. 2, 710. 846. pratum di rorwise. 1321 A. 2, 864. pratum Sperwerswise. 1311 B. 400. vischwise. 1319 A. 1, 373. apud Wykardis wysin. 1315 B. 441.

wisewec, winigartaweck, wyseweg, wininreine *s.* **wec, rein.**

witichin *s.* **widach.**

wiwere *s.* **wiber.**

wizelere holz, wege *s.* **holz, wec.**

wolfgruben, wolfhartszwege, wifshartsbohele *s.* **grube, wec, buhil.**

wolunhe, wolulsgruben, wolulsrech *s.* **ach, grube, rech.**

wonnendale *s.* **tal.**

wormberge, wormezir wege *s.* **berc, wec.**

wort. super langenworl. 1308. A. 2, 691.

wren, zu. 1277 A. 1, 84.

waloccheren *s.* **loch.**

wurmelingere bergh *s.* **berc.**

wydee *s.* **wide.**

wydehe *s.* **widach.**

wydenhuben *s.* **hube.**

wydinse *s.* **se.**

wykardis wysin *s.* **wise.**

wyltbant *s.* **ban.**

wyngartin *s.* **garte.**

wynheimer, wynterhel(y)merweg *s.* **wec.**

wyse *s.* **wise.**

Y.

yme, yemel. *s. oben* S. 33. — in prato paffenyme. 1287 A. 2, 414. — locus dictus yemel. 1305 A. 2, 658.

ybedal, ympendal *s.* **tal.**

ysingrubin *s.* **grube.**

Z.

zange. an deme Oppinheymerwege an der zangen. 1297 A. 2, 553.

zare(i)nhelmer wege *s.* **wec.**

zelreweg *s.* **wec.**

zeuride *s.* **rid.**

zecherot *s.* **rod.**

zell, zel. vor deme ouinzeil. 1325 B. 541. an deme bundiszele. 1325 B. 575. versus richwiniszele. 1311 B. 299. rivus Zintzele⁴) (Gr.). 1196 S. 1, 115.

zelzenbuhel *s.* **buhil.**

zigenerin stucke, ziginackere *s.* **stuck, acker.**

---

1) F. 2, 901 *ein* Langewisa, Langwizza. — 2) F. 2, 140 *ein* Osterwisen. — 3) F. 2, 771 *unser* Rinc. — *Vielleicht eher abgeleitet als zusammengesetzt?*

zocherpade s. pad.
zornheimer marken, weg s. marke, wec.
zun, zūn. locus, qui vocatur hinderzūnen. 1209 E. 69. zu rorzune. 1289 A. 2, 435.
zwenzic, zweyn, morgen s. morgen.

2. Häuser-, Straszennamen etc.

domus zū der alden Hellen *(Frankfurt)*. 1304 F. 363.
„ zu dem alden Wobeline *(Frankfurt)*. 1304 F. 364.
„ **dicta** dez Aleybus. 1316 A. 2, 772.
„ „ zu dem arn. 1322 A. 2. 882.
„ „ zu dem assilnheymer. 1322 A. 2, 883.
„ „ zum beumenbuz. 1323 A. 2, 896.
„ Blankenberg. 1300 A. 2, 589.
„ zum Bornstab, Borustabe. 1309 1321 A. 2, 702. 909.
„ zu Boxberg. 1325 A. 2, 920.
„ **dicta** zu Brandenburg. 1316 A. 2, 772.
„ „ zum buntenmantele. 1313 A. 2, 901.
„ „ zume Bussebacken. 1302 A. 2, 621.
„ zum cleinen Gulffer. 1309 A. 2, 693.
„ **dicta** zume Clottere. 1322 A. 2, 880.
„ zum Craule. 1320 A. 2, 834.
„ zum Daniel. 1304 A. 2, 644.
„ zume diffenkelrn. 1302 A. 2, 621.
„ zume Ebirnsheimere. 1305 A. 2, 654.
„ **dicta** zu dem engen durlyn. 1323 A. 2, 890.
„ quae vocatur Hermanni zum eren. 1212 E. 77.
„ **dicta** zum fusze. 1325 A. 2, 918.
„ „ zum Glockingizere. 1323 A. 2, 894.
„ „ zur grubin. 1323 A. 2, 899.
„ zur goldenin wagen (ad auream libram). 1323 A. 2, 894.
„ ad Gurrengibel. 1264 F. 133.
„ **dicta** zume heckebremen. 1310 A. 2, 709.
„ „ beringkaste. 1316 II. 2, 453.
„ zume berriche. 1302 A. 2, 621.

domus Heymesmitten. 1300 A. 2, 588.
„ **dicta** Hirzberg. 1305 A. 2, 649.
„ zume Hohenbergere *(Frankfurt)*. 1303 F. 403.
„ **dicta** zume horunc. 1322 A. 2, 873.
„ zu der kannen. 1325 A. 2, 925.
„ zum Langenhuss, zume Langinhuszh *(Frankfurt)*. 1290. 1303 F. 247. 352.
„ zume Lebarte. 1301 A. 2, 598.
„ **dicta** Ledegehus. 1282 L. 2. 778.
„ quae in vulgari ad nouum lobium appellatur. 1265 A 2, 209.
„ zu dem loche. 1314 A. 2, 756.
„ marstal. 1315 L. 3, 148.
„ zu paffeeckelinanne. 1321 A. 2, 864.
„ zu dem reyfe. 1325 A 2, 925.
„ **dicta** zur roden schiben. 1324 A. 2, 908.
„ „ zu dem rodin schilde. 1349 B. 759.
„ „ zur rosen. 1322 A. 2, 875.
„ zum Rosingarten. 1324 B. 565.
„ **dicta** rusenecke. 1309 A. 2, 693.
„ rychenstein. 1309 A. 2, 693.
„ **dicta** zu scherrenberg. 1324 A. 2, 909.
„ „ schonecke. 1325 A. 2, 922.
„ schonenaue. 1296 F. 302.
„ **nuncupata** zu den schuren. 1296 F. 302.
„ zume scuchen *(Mainz)*. 1272 A. 2, 263.
„ zume Sligele. 1300. A. 2, 595.
„ **dicta** zu dem sludekoppe. 1349 B. 759.
„ „ zum sluzzele (ad clavem). 1323 A. 2, 895.
„ sume spane. 1305 A. 2, 649.
„ staufkelre. 1309 A. 2, 700.
„ **dicta** ad steinhuselin. 1299 A. 2, 583.

domus dicta zu sumen. 1320 A. 2, 841.
„ „ zume surbire. 1305 A. 2, 649.
„ „ zume swertbe, zu deme suertle, zu dem swertle (*Frankfurt*). 1280 F. 201. 1315. 1322 A. 2, 763. 852.
„ „ zume vederwische. 1311 A. 2, 723.
„ „ zum Veitzthin. 1320 A. 2, 834.
„ zum vlosze. 1321 A. 2, 852.
„ **dicta** zu der wagin. 1324 A. 2, 904.
„ zume wainmanne. 1305 A. 2, 649.
„ zu dem Wedderbanen (*Frankfurt*). 1307 F. 378.
„ zu der Widendure (*Frankfurt*). 1280 F. 197.
„ zû Wolkinburg (*Frankfurt*). 1303 F. 352.
„ **dicta** zum Wunninberge. 1318 A. 2, 819.

area zu Lateran. 1291 A. 2, 466.
„ quae lichhof v. dicitur (*Mainz*). 1265 A. 2, 208.
„ zume Romere. 1291 A. 2, 566.
„ quae v dicitur zu der vinselen. 1299 A. 2, 576.
„ zu deme Walhusere. 1291 A. 2, 466.

curia dicta zume appelboume. 1310 A. 2, 707.
„ „ zum Bernere. 1316 A. 2, 778.
„ „ zu dem birbaume. 1317 A. 2, 607.
„ zume cnoppe. 1300 A. 2, 589.
„ dinghof. 1325 A. 2, 926.
„ **dicta** in den dirgartin. 1321 A. 2, 851.
„ zume Erlebechere. 1296 A. 2, 536.
„ **dicta** zum Flozze. 1266 A. 2, 212.

curia dicta zume frohen. 1321 A 2, 851.
„ „ zume fugilsange. 1305 A. 2, 649.
„ zum Gulfere. 1309 A. 2, 693.
„ **dicta** zum hasinscharle. 1323 A. 2, 901.
„ zum holdirbaume. 1323 A. 2, 892.
„ holtzhove. 1325 A. 2, 925.
„ zum Ingelheymere. 1303 A. 2, 623.
„ **dicta** zum Josthe. 1322 A. 2, 878.
„ „ zume kesceler. 1321 A. 2, 851.
curtis züme Klocringe (*Köln*). 1289 L. 2, 862.
curia zum Lorchere. 1321 A. 2, 870.
„ **dicta** zu Corlinberg. 1321 A. 2, 851.
„ „ zum mandelboume. 1310 A. 2, 707.
„ „ zu der minnen. 1302 A 2, 621.
„ zum Nordecker. 1324 A. 2, 909.
„ zume Reinolde. 1316 A. 2, 791.
„ **dicta** zu der reinecken. 1316 A. 2, 772.
„ „ zu dem rysin. 1324. A. 2, 904.
„ zum scharhoue, **curia** schurhof. 1321 A. 2, 735. 736.
„ **dicta** zume seyngere. 1321 A. 2, 851.
„ „ zur sommerwunne. 1321 A. 2, 851.
„ „ zum Spanheimere, Spainheimere, Spansheimere. 1269. 1317 A. 2, 437. 603.
„ „ zu dem sperbrechen. 1321 A. 2, 860
„ „ zume steyne. 1320 A. 2, 841.
„ zume Walhusere. 1289 A. 2, 445.
„ **dicta** zum wedegower. 1322 A. 2, 875.
„ wisgartesbrucke. 1225 A. 2, 55.

molendinum[1] **dictum** walcmule. 1325 A. 2, 923.
pistrinum dictum zume brymeire. 1305 A. 2, 649.

---

1) *S. oben* S. 52 mul.

gasse[1]**, strasze, platea.**
" Berenstraza, Berenstrazzo *(Mainz)*. 776 C. 2.
" in Bornegazin. 1300 A. 2, 589.
" platea Brazen. 1219 E. 116.
" in cwergazen. 1293 A. 2, 373.
" in platea drangazzen. 1246 L. 2, 301.
" in der Engirgassen. 1311 A. 2, 716.
" in der goltgazzen *(Mainz)*. 1269 A. 2, 442.
" in greuengazzen. 1302 A. 2, 614.
" in hanegazze. 1241 A. 2, 87.
" in der boltzgazzen. 1321 A. 2, 862.
" in der knopgassen. 1314 A. 2, 758.
" platea mezzelergazze. 1273 A. 2, 271.
" in der molgazzen. 1299 A. 2, 574.
" munzergazza *(Mainz)*. 776 C. 2. 1976.
" Nus(l)kelgazzen *(Mainz)*. 776 C. 2, 1976.
" in Qualgazza *(Mainz)*. 776 C. 1976.
" in Saumergazzen. 1299 A. 2, 583.
" in seimergazzen. 1283 A. 2, 369.
" Smendesgazze. 1277 A. 1, 84.
" in der Snargazzen, Snargossen *(Frankfurt)*. 1280. 1301. 1315 F. 201. 339. 415.
" in Twerchgazzen. 1299 A. 2, 583.
" platea, quae dicitur Vargazze *(Frankfurt)*. 1288 F. 241.
" wangaze. 1262 B. 94.
" in wisegazzen. 1316 A. 2, 787.
" zipplrgazze. 1324 A. 2, 904.

vicus atzelengazze *(Wetzlar)*. 1343 B. 712.
" becherergazin. 1315 A. 2, 770.
" Brotgazzen. 1305 A. 2, 662.
" inme capilhoue. 1322 A. 2, 885.
" in deme cratzewinckel. 1321 A. 2, 871.
" Cruchingazze. 1349 B. 759.
" Geilinbusersgazze. 1302 B. 309.
" Glasecoph *(Worms)*. 1303 A. 2, 618.

vicus goltgazzen. 1315 A. 2, 759.
" hachgengassen *(Worms)*. 1295 A. 2, 523.
" qui dicitur bensergazze *(Mainz)*. 1292 A. 2, 485.
" huntgasze. 1325 A. 2, 925.
" dictus jcbirgassen. 1321 A. 2, 860.
" kuensilgazze. 1324 A. 2, 912.
" Roemergasz. 1320 A 2, 843.
" Sanlgazze *(Giessen)*. 1330 B. 611.
" in der Segmirgassen. 1321 A. 2, 860.
" Spurergassen 1323 A. 2, 891.
" dictus Sterczirgaszen. 1321 A. 2, 867.
" qui dicitur vndir gedemin. 1237 L. 2, 220.
" Walhegaze, Walegasse. 1269. 1323 A. 2, 238. 897.
" qui dicitur Zegelgasse, Zigergaze *(Frankfurt)*. 1300. 1309. 1310 F. 331. 357.

porta juxta Broddürlen, Brotdurlen *(Mainz)*. 776 C. 2, 1976.
" fizzeporte. 1318 A. 2, 812.
" gaweporten, geweporten *(Bingen)*. 1238. 1240 E. 169. 203.
" dicta Judenbortdore. 1321 A. 2, 856.
" Nanzenburgerdor *(Mainz)*. 776 C. 2, 1976.
" Ruozendore. 1180 N. 1, 5.
" Slok(ck)burgedor *(Mainz)*. 776 C. 2, 1796.

Andere Namen.
acker. 1301. 1321 A. 2, 604. 850.
bleiche *(Mainz)*. 1299 A. 2, 585.
cuermart *(Worms)*. 1314 A. 2, 756.
kestrich *(Mainz)*. 776 C. 2. 1277 1299 A. 2, 301. 578.
lauwerbach. 1321 A. 2, 864.

---

1) S. noch vicus.

liusenbrunne, luisebrunne *(Mainz)*. 776 C. 2.
loch *(Mainz)*. 1299 A. 2, 566.
lychof, lichof *(Mainz)*. 1261 H. 1. 688.
vf me lychoue. 1323 A. 2, 894.

nuwebrucge. 1317 A. 2, 809.
rintmarkit. 1305 A. 2, 649.
salzcaste. 1283 A. 2, 369.
selhove *(Mainz)*. 776 C. 2. 1976
wasem. 1318. 1322 A. 2, 815. 879.

3. Personennamen.

Conradus zum abicte. 1320 A. 2, 839.
Libradis dicta zume Althus. 1325 A. 2, 918.
Cunradus dictus an der Ambach. 1299 A. 2, 511.
Th. an der Ambach. 1302 A. 2, 614.
Wiknandus zum Appinheimere. 1302 A. 2, 612.
Arnoldus dictus an der bach. 1322 A. 2, 876.
Emercho dictus obir der bach. 1305 A. 2, 659.
Eberhardus zum bachen, 1316 A. 2, 791.
Jacobus zum Bicke. 1323 A. 2, 899.
Golzo zu dem birbaume. 1317 A. 2, 807.
Anzo dictus zum Blasehoue, Blashofe. 1310. 1323 A. 2, 707. 888.
Heinricus dictus von dem bohele. 1289 A. 2, 434.
Christianus dictus zu Boxberg. 1322 A. 2, 885.
Heilmannus, Johannes dictus zume Cirle. 1305. 1321 A. 2, 656. 851.
Petrus zu crucen. 1297 A. 2, 553.
Ebirhardus vffe deme durne. 1317 B. 472.
Theodericus dictus zu dem dutzenhus. 1324 A. 2, 905.
Thilo zum Ebeche. 1315 A. 2, 769.
Hermannus zum eren. 1212 E. 77.
Frilo dictus zum Eselwecke. 1314 A. 2, 757. Yselwecke. 1298. 1300 A. 2, 558. 589.
Wernherus dictus for deme falledore. 1324 B. 565.
Nicolaus zume Fleminge. 1305 A. 2, 649.
Petrus dictus zum flosze. 1312 A. 2, 735.
Golzo zum Frosche. 1367 H. 3, 477. Jacobus dictus zume frosche (de aurea rana). 1317 A. 2, 809.
Jacobus zume gasinbechere. 1318 B. 484.
Heilmannus dictus zu deme gemalten huse. 1312 A. 2, 726.
Cunradus zume Halbenhuz. 1301 A. 2, 598.

Gernodus dictus an hanenbortdore. 1321 A. 2, 856.
Jacobus dictus zume hellecraphen. 1322 A. 2, 881.
Jacobus dictus zum Hirze. 1318 A. 2, 819.
Gise zume hoenbus. 1319 A. 1, 373.
Johannes dictus zu bonhove. 1280 A. 2, 328.
Hermannus, Hugo dictus amme kafle. 1307 A. 2, 679.
Davidis dicta hinder der kirchen. 1297 A. 2, 555.
Heilmannus, Vollzo dictus amme, an demo kirchdore, kyrchdor, kirchtore. 1298. 1321. 1325 A. 1, 217. 2, 864. 922.
Ludewicus dictus zum knaben. 1320 A. 2, 834.
Theod. zuma Kuninge. 1324 A. 2, 909.
Godeboldus zume Lamme. 1305. A. 2, 654.
Gysilbertus zum Lugilin. 1323 A. 2, 899.
Nicolaus dictus zu dem morlen. 1315 A. 2, 764.
Jacobus, Thudemannus dictus zume Nersteine. 1295. 1310 A. 2, 520. 707.
Wilandus dictus zu dem nuwenkorne. 1306 A. 2, 670.
Hertwicus dictus zume Odernheimer. 1297 A. 2, 551.
Hyppele (mulier) zu phaffe eckelmancze. 1320 A. 2, 839.
Nycolaus dictus zume, Johannes zum Rabenolde. 1314. 1323 A. 2, 757. 899.
Hanemannus dictus zu dem rade. 1315 A. 2, 763.
Henricus dictus zume Rebestocke. 1320. 1324 A. 2, 835. 911.
Wilhelmus zume roden crutze. 1322 A. 2, 878.
Cunradus dictus zume Romir. 1315 A. 2, 761.
Heinricus zume Rudensheimere. 1296 A. 2, 531.

Heilmannus zume Salmanne. 1318. 1321 A. 2, 811. 859.
Volzo zume scheyde. 1298 A. 2, 556.
Heilmannus zume Setzereden, Seczereden. 1318. 1321 A. 2, 811. 855.
Rudolfus zu Silbirburg. 1325 A. 2, 920
Fridericus, Jacobus zume Slussele, Sluzele, Slusezele. 1316. 1318. 1324 B. 455. 484. A. 2, 909.
Elizabet zur somerwunne, Nycolaus dictus zur sumerwonne. 1322. 1300 A. 2, 875. 595.

Petrus zum Speden. 1305. 1315 A. 2, 656. 766.
Frilo dictus zu Torim. 1295 A. 2, 520.
Nycolaus zum Waldertheimere, Thine zume Walderthemer. 1298. 1323 A. 2, 558. 894.
Wykerus zu dem wedere. 1305 B. 336.
Cunzelinus zum Wedirhanen. 1316 A. 2, 778.
Jacobus zum Wetflere. 1302 A. 2, 612.
Mechtildis dicta zume zune, Arnoldus zume zune. 1297. 1298 A. 2, 553. 558.
Henricus dictus von dir zyt, Hielmannus dictus zyl. 1312. 1316 B. 409. 461.

VERBESSERUNGEN.

S. 13b. Z. 11 v. o. lies 1302 statt 1312.
„ 38b. „ 19 „ „ „ fenchilblumen.
„ 46a. „ 18 „ „ „ habuchedal.
„ 48b. „ 9 „ „ „ Walehinhoug.
„ 50b. „ 15 „ „ „ liuboldesdal.